Trilhando caminhos de missão:

fundamentos e apontamentos de missiologia

SÉRIE PRINCÍPIOS DE TEOLOGIA CATÓLICA

inter
saberes

Trilhando caminhos de missão:

fundamentos e apontamentos de missiologia

Joachim Andrade, SVD

Rua Clara Vendramin, 58 . Mossunguê
CEP 81200-170 . Curitiba . PR . Brasil
Fone: (41) 2106-4170
www.intersaberes.com
editora@intersaberes.com

Conselho editorial
Dr. Alexandre Coutinho Pagliarini
Dr.ª Elena Godoy
Dr. Neri dos Santos
Dr. Ulf Gregor Baranow

Editora-chefe
Lindsay Azambuja

Gerente editorial
Ariadne Nunes Wenger

Assistente editorial
Daniela Viroli Pereira Pinto

Preparação de originais
Belaprosa Comunicação Corporativa
e Educação

Edição de texto
Tiago Krelling Marinaska
Camila Rosa

Capa e projeto gráfico
Iná Trigo (*design*)
Tatiana Kasyanova/Shutterstock
(imagem)

Diagramação
Querido Design

Equipe de *design*
Laís Galvão
Sílvio Gabriel Spannenberg

Iconografia
Celia Kikue Suzuki
Regina Claudia Cruz Prestes

1ª edição, 2019.
Foi feito o depósito legal.

Informamos que é de inteira responsabilidade do autor a emissão de conceitos.

Nenhuma parte desta publicação poderá ser reproduzida por qualquer meio ou forma sem a prévia autorização da Editora InterSaberes.

A violação dos direitos autorais é crime estabelecido na Lei n. 9.610/1998 e punido pelo art. 184 do Código Penal.

Dados Internacionais de Catalogação na Publicação (CIP)
(Câmara Brasileira do Livro, SP, Brasil)

Andrade, Joachim
   Trilhando caminhos de missão: fundamentos e apontamentos de missiologia/Joachim Andrade. Curitiba: InterSaberes, 2019. (Série Princípios de Teologia Católica)

   Bibliografia.
   ISBN 978-85-5972-950-4

1. Antropologia teológica – Cristianismo 2. Missiologia 3. Missões 4. Teologia – Igreja Católica 5. Vida espiritual I. Título. II. Série.

18-22336   CDD-266.001

Índices para catálogo sistemático:
1. Missiologia: Cristianismo 266.001

Iolanda Rodrigues Biode – Bibliotecária – CRB-8/10014

Sumário

Apresentação, 7

Organização didático-pedagógica, 11

1 Panorama geral da missão: contextos contemporâneos, 15
1.1 Contextualizando a missiologia, 18
1.2 Mapeamento do cristianismo do século XXI, 24
1.3 Missão contemporânea e pessoa do missionário, 28
1.4 Missiologia e antropologia, 33

2 Fundamentos bíblicos da missão: Antigo e Novo Testamento, 41
2.1 Duas vertentes bíblicas da missão, 44
2.2 Caminho da missão no Antigo Testamento, 48
2.3 Nascimento da missão como convite, 51
2.4 O caminho da missão no Novo Testamento, 55

3		*Missio Dei* e *Missio Ecclesiae*: missão trinitária e natureza missionária da Igreja, 65
3.1		Compreendendo a natureza missionária, 68
3.2		Missão como projeto da Santíssima Trindade, 72
3.3		A Igreja e sua missionariedade, 80

4		Modelos históricos da missão: o caminho da missão até o Concílio Vaticano II, 89
4.1		Resgates históricos, 92
4.2		Missão nos primeiros três séculos (100-301), 94
4.3		Missão e o movimento monástico (313-907), 95
4.4		Missão e o movimento mendicante (1000-1453), 98
4.5		Missão nos tempos dos descobrimentos (1492-1773), 101
4.6		Missão nos tempos do progresso (1792-1914), 106
4.7		Missão no século XX: rumo ao cristianismo mundial (1919-1991), 107

5		Missão no Concílio Vaticano II: da territorialidade à essência missionária, 117
5.1		Contextos que antecederam o Concílio Vaticano II, 120
5.2		O Concílio Vaticano II, 124
5.3		O Decreto *Ad Gentes*, 129
5.4		Documentos missionários após o Concílio Vaticano II, 136
5.5		Missão na América Latina, 141

6		Novo paradigma da missão: discernimento na ação missionária, 151
6.1		Compreensão do novo paradigma da missão, 154
6.2		Discernimento do agir missionário no mundo contemporâneo, 159
6.3		As formas de elaborar a missão contemporânea, 167

Considerações finais, 181

Lista de siglas e abreviaturas, 185

Referências, 187

Bibliografia comentada, 193

Respostas, 195

Sobre o autor, 197

Apresentação

A missão, antes de tudo, é Deus – *Missio Dei*. Ela é tradicionalmente entendida como sair de si para o outro, sair de uma cultura para outra ou sair de um lugar para outro. Se alguém perguntasse o porquê dessa iniciativa, a resposta espontânea por parte dos missionários seria: para pregar a boa nova de Jesus. Em tempos não tão distantes, quando os missionários recém-formados eram enviados aos países de missão, a primeira orientação dada a eles consistia em observar cautelosamente os mais experientes e os seus modos específicos, por vezes arcaicos, de fazer a missão. Além disso, recebiam um alerta no sentido de não abrir a boca, por serem ainda inexperientes para emitir julgamentos.

Os tempos mudaram e, com eles, as perspectivas missionárias. Encontramos nos novos missionários sinais adequados e modos eficientes de realizar a missão. Como aponta Martin Ueffing (2015, p. 307):

Os tempos mudaram, e também no campo da atividade missionária a contribuição específica dos jovens está cada vez mais a exercer uma influência de revigoramento sobre os mais velhos. Não só por causa de suas novas perspectivas teológicas, mas também porque eles experimentam os programas de formação, profissionalmente concebidos, que servem como introdução de novos missionários em uma missão transcultural.

Entretanto, sabemos que a Igreja recebeu o apelo de Jesus Ressuscitado para desenvolver a missão e, ao longo dos séculos, teve de assumir novas modalidades no decorrer dos anos. Apesar de existirem diversos problemas, encontramos aspectos relevantes como sinais dos tempos para discernir melhor o campo da missão. Dessa forma, o Espírito Santo convida a Igreja a escutar e buscar uma apropriada reflexão teológica e até mesmo uma conversão interior e clareza do lugar da missão.

Na contemporaneidade, marcada por constante mudança, o jeito de realizar a missão é fortemente questionado. Nesse caso, podemos fazer algumas indagações: qual é o sentido de anunciar Jesus Cristo como "o mediador e a plenitude de toda revelação" (DV, n. 2) diante da pluralidade de religiões e do direito à liberdade religiosa no mundo de hoje? Por que precisamos afirmar a necessidade de pertencer à Igreja Católica (cf. LG, n. 14) se as pessoas têm como conseguir a salvação do mesmo modo fora dela, podendo ser "de várias maneiras ordenadas ao povo de Deus" (LG, n. 16)?

Esses questionamentos deram origem aos novos conceitos da missão, bem como novas compreensões e formas de aproximar os contextos missionários. Se o modo antigo apresentava a expansão como elemento principal do ato missionário, o atual aponta a missão como encontro. Se no antigo modo da missão a expansão focava no batismo e, a partir desse gesto, o batizado fazia parte da Igreja para se salvar, no atual o encontro indica o "reconhecimento da verdade e da graça", fruto de uma secreta presença divina (AG, n. 9). Se o modo antigo focava mais fortemente o conceito da missão *ad gentes* – ir além dos territórios geográficos –, a compreensão atual originou-se no Concílio Vaticano II e evoluiu para *inter gentes*.

Essa visão levou ao aparecimento de novas visões e perspectivas da missão como primeira evangelização, nova evangelização, fronteiras missionárias, igreja em saída, missão como encontro e missão como diálogo profético, cada uma assumindo o seu lugar e o contexto específico e contemporâneo.

O que é interessante notar é que a missiologia tem raízes já nos tempos bíblicos do Antigo Testamento, mas sua existência no ambiente acadêmico tem somente pouco mais de um século. Seu conteúdo era tratado no interior da disciplina da Teologia Pastoral como um dos capítulos do aspecto prático da evangelização; na atualidade, com os novos conceitos e as novas formas de atender às demandas da Igreja, pretendemos percorrer, no decorrer deste livro, o caminho da missão, desde os tempos antigos até os atuais. Não se trata apenas de analisar fatos passados, mas de interpretar, à luz do Evangelho, os sinais dos tempos e também fornecer as pistas adequadas para se fazer a missão com clareza.

Assim, podemos perceber que a missão pressupõe múltiplas direções, como afirma Dom Sérgio Castriani (2008, p. III):

> a missão não é só emoção pessoal, sentimento de autorrealização. A missão de cada um e de todos nós se inscreve no plano de Deus, no seu mistério de amor, na razão última de todas as coisas e de todos os eventos. Penetrar nesta razão e descobrir como ela se fez história em meio a sombras e luzes, que caracterizam a história humana é tarefa da missiologia, dos missiólogos e das ciências afins.

Para trilharmos o caminho da missão, contextualizamos o livro em seis capítulos. No Capítulo 1 fazemos um mapeamento geral da missão, analisando as diversas realidades da contemporaneidade. O mundo deixou de ser estático; com a evolução e o progresso, houve uma mudança das percepções que afetou o modo de se fazer a missão. Vamos apresentar os contextos mundiais do cristianismo do século XXI e, por fim, da missão e o lugar do missionário para adquirir a clareza da atividade missionária.

No Capítulo 2 elencamos os fundamentos bíblicos da missão, tanto no Antigo como no Novo Testamento. É óbvio que cada teoria apresenta alguma prática apoiada na orientação da teoria. Portanto, abordamos dois aspectos distintos: no Antigo Testamento, a missão é analisada como convite, pois todos são incitados a fazer a experiência do Monte Sinai e, mais tarde, no Templo; no Novo Testamento, ela é vista como envio, depois da experiência de Pentecostes.

No Capítulo 3 abordamos a teologia da missão, que encontra sua base na Santíssima Trindade. A missão é de Deus – *Missio Dei* – e ao longo dos séculos apresentou seus desdobramentos, chegando à concepção contemporânea de natureza missionária. Ainda nessa parte do texto, apresentamos a Trindade como ponto de partida e de chegada da missão.

No Capítulo 4 descrevemos a trajetória histórica da missão até o Concílio Vaticano II. Elencamos diversos modelos missionários que surgiram ao longo dos séculos – hoje espalhados por cada canto do nosso globo –, aos quais se deve a expansão da missão. No Capítulo 5 explicitamos a missão no contexto do Concílio Vaticano II, que deu nova visão à atividade missionária, fazendo a passagem da territorialidade à descoberta da essência missionária da Igreja.

Por fim, no Capítulo 6 abordamos a passagem do antigo ao novo paradigma da missão, apontando o diálogo profético como referência atual e relevante. Além disso, identificamos seis elementos específicos para elaborar a missão, oferecendo algumas pistas concretas para atuar nos contextos missionários.

Organização didático-pedagógica

Esta seção tem a finalidade de apresentar os recursos de aprendizagem utilizados no decorrer da obra, de modo a evidenciar os aspectos didático-pedagógicos que nortearam o planejamento do material e como o aluno/leitor pode tirar o melhor proveito dos conteúdos para seu aprendizado.

Introdução

Logo na abertura do capítulo, você é informado a respeito dos conteúdos que nele serão abordados, bem como dos objetivos que o autor pretende alcançar.

Síntese

Você conta, nesta seção, com um recurso que o instigará a fazer uma reflexão sobre os conteúdos estudados, de modo a contribuir para que as conclusões a que chegou sejam reafirmadas ou redefinidas.

Indicação cultural

Nesta seção, o autor oferece indicações de livros, filmes ou *sites* que podem ajudá-lo a refletir sobre os conteúdos estudados e permitir o aprofundamento em seu processo de aprendizagem.

Atividades de autoavaliação

Com questões objetivas, você tem a oportunidade de verificar o grau de assimilação dos conceitos examinados, motivando-se a progredir em seus estudos e a se preparar para outras atividades avaliativas.

Atividades de aprendizagem

Aqui você dispõe de questões cujo objetivo é levá-lo a analisar criticamente determinado assunto e aproximar conhecimentos teóricos e práticos.

Bibliografia comentada

Nesta seção, você encontra comentários acerca de algumas obras de referência para o estudo dos temas examinados.

1
Panorama geral da missão: contextos contemporâneos

issão é um termo que não se reduz, simplesmente, aos ambientes da Igreja – ele também circula em contextos profissionais e corporativos, políticos e governamentais. Na atualidade, encontramos em placas ou peças de comunicação das empresas os escritos "a nossa missão", que mostra a abrangência da palavra. Nos últimos anos, especificamente depois da Conferência de Aparecida, ocorrida em 2007, a Igreja resgatou a dimensão da missionariedade, chamando o cristão como o discípulo missionário, que está a caminho, com a proposta de Jesus de "fazer o bem".

A sociedade atual está se tornando cada mais plural e abrangente, apresentando variados contextos de vivência. Os métodos tradicionais de fazer a missão ficaram ultrapassados e novos mecanismos parecem fora do alcance. Na tentativa de apresentar novos mecanismos missionários, a Igreja Católica no Brasil, com seu dinamismo, está envolvida em cada momento, descobrindo seu compromisso com a realidade, introduzindo novos paradigmas da missão.

O que pretendemos neste capítulo é abordar os diversos aspectos contemporâneos da missão. Primeiramente, apresentaremos a contextualização atual da missiologia. Na sequência, apresentaremos os contornos do cristianismo do século XXI, que revelam novos fenômenos de religiosidade. Por fim, apontaremos o lugar do missionário nessa complexa realidade.

1.1 Contextualizando a missiologia

Para entendermos bem a missão, precisamos conhecer as situações pessoais do ser humano, que se tornaram complexas devido à própria realidade atual. Compreende-se a vida como uma caminhada; no interior desta, encontra-se a missão. Como afirma Mosconi (2015, p. 15): "Missão é uma exigência que brota do mais profundo de nossa vida. É a missão que dá sentido à vida, não há vida verdadeira sem missão. E ainda: missão não é algo aéreo, tem a ver com as realidades e os desafios do mundo de hoje (econômicos, sociais, políticos, culturais e ecológicos)".

Além disso, diversos documentos e encíclicas da Igreja apontam, com clareza, a natureza missionária da Igreja e a responsabilidade do batizado em relação à missão. Na Exortação Apostólica *Evangelii Gaudium*, do Papa Francisco, encontramos a motivação principal da missão, quando ele afirma: "A missão não é uma parte da minha vida, ou um ornamento que posso pôr de lado; não é um apêndice ou um momento entre tantos outros da minha vida. É algo que não posso arrancar do meu ser, se não quero me destruir. Eu sou uma missão nesta terra, e para isso estou neste mundo" (EG, n. 273). Continuando a reflexão, o papa afirma: "a vida se alcança e amadurece à medida que é entregue para dar vida aos outros. Isto é, definitivamente, a missão" (EG, n. 10).

Se observarmos os diversos congressos missionários que foram organizados nos últimos anos – comemoração de 50 anos do Concílio Vaticano II, 500 anos da Reforma Protestante e 50 anos da Conferência de Medellín, para dar alguns exemplos – veremos que todos apontam dois conceitos: "missão permanente" e "Igreja em saída". No 4º Congresso Missionário Nacional, organizado em Recife (PE) entre 8-10 de setembro de 2017, apresentou-se certa inquietação na dimensão missionária da Igreja, no contexto da missão permanente. Na abertura do evento, Dom Antônio Fernando Saburido, citando o discurso do papa à Cúria Romana, afirmou:

> Um desejo entranhado de poder e prestígio, que pode ser uma tentação para todos nós, transforma a Igreja em uma empresa capitalista e não em uma missão do Evangelho. A saída que o papa propõe para a Igreja não é a saída de uma Igreja triunfante e poderosa que sai para conquistar o mundo. Não é essa a missão. Se for de acordo com Jesus, a missão é Kenosis[1] – é esvaziar-se para servir. "Ele esvaziou-se a si mesmo e tomou a condição de servo" (Fl 2,5). (Saburido, 2017, p. 16)

---

1 A ideia de sair de si para o outro é contemplada na palavra *Kenosis*. Toda a relação nesse sentido é *Kenosis* que envolve a dimensão do amor com propósito. A saída, no caso de Jesus, é compreendida com o objetivo de servir.

Lançando os olhos ao redor, percebemos que missão tem a ver com as situações e realidades concretas, pois marcam a especificidade da atividade missionária. Como afirma Mosconi (2015, p. 44):

> É perigoso querer realizar uma missão do mesmo jeito, em lugares diferentes do mundo. Viver a vida como missão na cidade ou no campo, no meio da juventude ou entre pessoas idosas, nesta ou naquela cultura, nesta ou naquela realidade sociopolítica, não é a mesma coisa. A escolha dos objetivos concretos da missão depende dos contextos socioeconômico-político-culturais onde ela acontece. Nós somos seres situados. Missão e situação são inseparáveis.

A fim de apresentar as situações da missão de forma mais adequada, dividimos os desafios da ação missionária em três áreas específicas: contextos mundiais, contextos socioculturais e contextos digitais.

1.1.1 Contextos mundiais

Vivemos hoje num mundo dividido, que vem experimentando momentos desafiadores, com grandes expectativas. Por um lado, os fatos que evidenciamos nos primeiros anos do terceiro milênio apontam que estamos caminhando sem bússola. Um dos autores interessados na análise dos contextos mundiais é Amin Maalouf (2011), observador da dinâmica atual do Oriente Médio. Conforme assinala, o mundo contemporâneo presencia um esgotamento simultâneo de todas as civilizações antigas – sobretudo dos quatro universos culturais: o Ocidente, o Oriente, o mundo árabe e o africano. O Ocidente se encontra nas amarras da fidelidade, não se mantém fiel a seus próprios valores; o Oriente, preso ao seu mundo ilusório, atribui seus problemas ao campo religioso; o mundo árabe se isola num impasse histórico, querendo voltar aos tempos dos grandes imperadores; e o continente africano se vê nos perenes conflitos clânicos e, assim, jogado na eterna pobreza.

Observamos vários sinais de desajustes no mundo atual – a princípio, percebidos em diversas áreas ao mesmo tempo: intelectual, financeira, climática, geopolítica, étnica, familiar e religiosa. O desajuste intelectual é caracterizado por uma torrente de afirmações identitárias que impõem dificuldades para qualquer coexistência harmoniosa entre nações e povos; o financeiro levou todo o planeta a uma zona de turbulência de consequências imprevisíveis, sintoma de uma perturbação do sistema de valores, como aconteceu em 2008. O desajuste climático, por sua vez, é o resultado de uma longa prática da irresponsabilidade para com a natureza, que deu origem a desequilíbrios como secas e enchentes. Já o geopolítico se deve à concentração do poder em algumas mãos, que determinam como deveria ser o mundo. E, por fim, o étnico, que provocou o desaparecimento das culturas menores, dentro da capa da globalização, resultando em uma limpeza das etnias menores.[2]

Outro fenômeno mundial que afeta diretamente a atividade missionária é a migração motivada pela sobrevivência, pela instabilidade política de determinadas regiões ou por calamidades da natureza – sem falar na migração de profissionais por todo o planeta. Conforme dados da ONU de 2017, aproximadamente 232 milhões de pessoas vivem fora de sua pátria na atualidade (Rede Social de Justiça e Direitos Humanos, 2017). Existem migrações internas dentro de um mesmo país. A emigração, por sua vez, envolve a saída para os outros países, no caso contemporâneo da Europa, chegam os refugiados do Iraque e da Síria; também os migrantes da África estão atravessando o Mar Mediterrâneo, e os latinos passam aos Estados Unidos pelo México

---

2 Para mais informações sobre os contextos mundiais e sobre os desajustes, conferir Maalouf (2011).

etc. Esse cenário ofereceu nova visão à atividade missionária na Igreja Católica, até mesmo para a criação da Pastoral dos Migrantes.

1.1.2 Contextos socioculturais

O campo sociocultural trouxe outra turbulência, tanto no âmbito dos valores éticos quanto dos econômicos e políticos. Analisando os valores éticos, percebemos que na sociedade contemporânea a convivência social passou de monocultural para pluricultural, estabelecendo novas relações interculturais, por vezes agradáveis, por vezes antagônicas. A convivência intercultural tem contribuído imensamente para o campo da religião – respeito às outras tradições religiosas e criação de praças ou ambientes culturais e inter-religiosos adequados. Por outro lado, vem gerando novos fenômenos religiosos como dupla pertença ou múltipla pertença religiosa, o que leva à falta de compromisso com qualquer tradição. Além disso, no campo das relações, deu origem aos casamentos interculturais, criando as famílias híbridas com novas visões de pertença à família humana.

Já no campo econômico, instalou-se a ideologia do mercado, na qual a economia tudo domina, criando o jogo de "perdas e ganhos" e apontando o conceito do "vale quem produz e quem consome". Tudo se tornou mercadoria – bens, valores, pessoas, povos, o planeta Terra – a ser explorada. Como afirma Mosconi (2015, p. 49): "o consumismo é o novo estilo de vida, a nova religião. Os supermercados, os grandiosos shoppings, são os novos templos, sempre lotados. Com a pós-modernidade, parecia estar iniciando a época da felicidade sem fim, sem limites, com prazeres inesquecíveis".

No campo político, surgem as manobras financeiras escandalosas, os gastos absurdos, a corrupção e outras situações graves. As decisões políticas em relação ao meio ambiente têm provocado sérios problemas ecológicos, criando desequilíbrios de diferentes ordens, como no caso da Amazônia. Ao longo de 50 anos, a Igreja brasileira conscientizou a sociedade, com os temas da Campanha da Fraternidade, sobre o cuidado da natureza, utilizando o método específico do ver-julgar-agir.[3] Mais recentemente, documentos da Igreja, como o *Laudato Si'*, do Papa Francisco, apontam certa preocupação da Igreja em relação à natureza.

Dessa forma, evidenciamos a participação da Igreja no campo da missão nos nossos tempos.

1.1.3 Contextos digitais

Até a década de 1970, estávamos vivendo no tempo da modernidade, que foi iniciada no século XVI, a partir do conceito da secularização. Ela despertou valores importantes como razão crítica, consciência pessoal, afirmação da autonomia da razão perante a fé, pesquisa científica e busca da objetividade. A linha cronológica da evolução da sociedade é muito nítida, passando na Idade Moderna, como secularização, modernidade, pós-modernidade, globalização, sociedade líquida e chegando ao tempo atual, a era digital. Nessa última, ouvimos diversos conceitos como quarta revolução, inteligência virtual, robotização do mercado etc., que apontam ao descobrimento de novos métodos da evangelização.

O tema da missão se tornou muito mais complexo, quando Mark Prensky (2001, citado por Fábio, 2017) lançou os termos *nativos digitais* (para se referir aos jovens que nasceram na época de tecnologias

---

[3] A Campanha da Fraternidade (CF) corresponde a uma importante iniciativa de evangelização promovida pela Conferência Nacional dos Bispos do Brasil (CNBB). Desde a sua primeira edição, que se deu em 1963, tem sido realizada com o objetivo de ajudar cristãos e pessoas de boa vontade a assumirem compromissos concretos, à luz do projeto de Deus, visando à transformação da sociedade. A CF, que acontece todos os anos no período da Quaresma, traz como motivação algum problema específico, como saúde, questão agrária, direito das mulheres, direito das crianças etc.

digitais) e *migrantes digitais* (para identificar os educadores que nasceram em outras épocas e que deveriam se adaptar a fim de continuar ensinando a quem nasceu na época de nova tecnologia).[4] Por vezes esses termos são bastante criticados pelos pesquisadores, mas a realidade é nítida quando observamos os fenômenos dos adolescentes atuais. Nesse sentido, encontramos filhos orientando pais e estes ajustando seus modos de viver conforme os filhos, pois reconhecem as incapacidades pelo menos no campo de informação e tecnologia.

Essa nova geração, os *nativos digitais*, se encontra no momento de história em que a própria história parece andar não numa ordem cronológica, mas sim a do presente contínuo, pois o mundo digital se preocupa com as atualizações de tecnologias e invenções de novas tecnologias somente no presente – podemos afirmar quase a cada momento, dia ou semana. Nesse contexto, os nativos digitais não têm passado nem futuro, mas estão somente num presente prolongado, sem ter rastros para seguir. Portanto, para eles, transmitir os valores duradouros que herdamos do passado se tornou um pesadelo, principalmente no campo da evangelização e da missão. Esses contextos são reais, e a Igreja precisa inventar novos mecanismos para transmitir a mensagem de boa nova com sabedoria e inovação.

1.2 Mapeamento do cristianismo do século XXI

O cristianismo passou por diversas fases da sua atuação ao longo de 2 mil anos de existência. Mas o catolicismo, especificamente, conheceu

---

[4] Mark Prenskey parece ter criado os termos em seu artigo na revista *On the horizon* em 2001. Para mais informações, conferir Fábio (2017).

algumas etapas distintas, das quais podemos destacar quatro. No início do período colonial, a primeira fase da tradição católica era do **Bom Jesus** do tempo colonial, período no qual os portugueses tentavam dominar as terras brasileiras por meios bastante violentos, e muitos nativos – as populações indígenas – foram eliminados e outros obrigados a acolher a fé cristã. Em razão dessa experiência, a imagem do Jesus sofredor com a túnica vermelha e com a coroa de espinhos era identificada com o sofrimento do povo. Os santuários do Bom Jesus da Lapa (BA) e o do Bom Jesus de Iguape (SP) são exemplos disso.

A segunda fase, do **Sagrado Coração de Jesus**, surgiu com a chegada dos imigrantes europeus ao Brasil. A prática religiosa europeia foi introduzida no país, evento que deu origem à romanização e à clericalização do catolicismo, e a novena ao Sagrado Coração de Jesus foi implementada, principalmente na primeira sexta-feira do mês.[5]

A terceira fase foi a do **Cristo Rei**, que se iniciou com o casamento entre Igreja e Estado (por volta do ano 1900). As duas instituições eram poderosas, tanto nas questões religiosas como nas políticas. No entanto, essa fase foi o ponto de partida da etapa do **Cristo Redentor**, com a construção da imagem do Cristo Redentor, na década de 1920, no Rio de Janeiro. A escatologia que se encontrava por trás seria a de que Cristo iria redimir o povo de todos os problemas, tanto sociais quanto espirituais.

Por fim, destacamos a quinta fase, a do **Cristo Libertador**. Na década de 1960, depois da dura experiência da ditadura e em virtude da escolha do modelo americano de modernização, houve uma migração em massa para as grandes cidades, inclusive no processo de construção da cidade de Brasília.

---

5 A romanização se refere ao fato de que os imigrantes europeus, antes de virem ao Brasil, seguiam as normas da tradição estabelecida por Roma – pelo Vaticano. Essa tendência foi continuada no país – o clero ou o sacerdote se tornaram um motivador principal para preservar essa forma de praticar a tradição.

Depois de trilhar brevemente o caminho histórico da Igreja, o que nos interessa, neste ponto, é saber como a Igreja se encontra na atualidade no Brasil. Percebemos que houve mudanças em diversos âmbitos: as instituições da família, da escola e da Igreja cessaram de ser pontos de referência; no âmbito de imagens e símbolos, produtos agrícolas deram lugar aos símbolos virtuais, e quanto aos costumes e valores, os passageiros ocuparam o espaço dos tradicionais. Além disso, podemos identificar dois eventos distintos no campo religioso: novos fenômenos da religiosidade e busca do sagrado sem vínculo específico com uma religião. Vamos conhecê-los a seguir.

1.2.1 Novos fenômenos da religiosidade

Nos últimos 30 anos, o Brasil tem vivenciado a dimensão da pluralidade no campo religioso, fato evidenciado pelo aparecimento de inúmeras igrejas pentecostais. Além disso, há outras religiões no país como o candomblé, a umbanda, o espiritismo e as manifestações religiosas orientais. Assim, surgiu uma nova forma de religiosidade, dando espaço à dupla ou à múltipla pertença, gerando uma confusão nas religiões tradicionais, que exigem uma única pertença, como a Igreja Católica. Alguns conceitos fundamentais da doutrina cristã passaram a ser relativizados; o povo passou a conviver às vezes tranquilamente, às vezes de forma conflituosa, com os elementos opostos: linearidade e circularidade do tempo; monoteísmo e politeísmo; reencarnação e ressurreição. Dentro dessa visão, o campo da missão passa a ser o elemento complicador, precisando inventar novos mecanismos para realizar suas atividades missionárias nos tempos atuais.

1.2.2 Busca do sagrado sem pertença religiosa

Outro fenômeno observado nos últimos anos é a busca da espiritualidade sem a vinculação com tradição religiosa estruturada e o surgimento de novas divindades – novos deuses sob o mesmo rosto e novos lugares de oração. Como afirma Ítalo Calvino (1972, p. 38),

> Cidades diferentes sucedem-se no mesmo solo e com o mesmo nome, nascem e morrem sem se conhecer, incomunicáveis entre si. Às vezes, os nomes dos habitantes permanecem iguais, e o sotaque das vozes, e até mesmo os traços dos rostos; mas os deuses que vivem com os nomes e nos solos foram embora, sem avisar e, em seus lugares, acomodaram-se deuses estranhos.

Com isso, as estruturas próprias do mundo religioso estão se transferindo para realidades seculares, a outros "deuses estranhos", como indicamos. Por outro lado, as aspirações religiosas se encontram submersas no mar de expectativas seculares. Ao mesmo tempo, os bens e as ofertas da cidade vão se deslocando para os ritos litúrgicos, e as representações simbólicas religiosas tradicionais recebem novos significados: tornam-se a religião de mercado.

A realidade que apresentamos nos faz cientes da responsabilidade do missionário em relação à missão e, igualmente, à qualidade da formação que o prepara para adentrar nos contextos complexos da missão.

1.3 Missão contemporânea e pessoa do missionário

A missão antes do Concílio Vaticano II era cumprir o mandato missionário de Jesus – "ide e batizai todos os povos" –, e depois dele recebeu múltiplos significados. O reconhecimento do bem nas outras tradições e o rompimento com o mandato de Jesus levaram a Igreja a uma profunda crise. Após o Vaticano II, ela precisou se adaptar aos novos tempos e descobriu novas compreensões da missão; além disso, tanto a missão como o missionário passaram a receber igual importância no desenvolvimento da atividade missionária.

A compreensão tradicional da missão é sair de si para o outro, sair de sua cultura para outra e sair de um lugar para outro. Esse movimento, em que o missionário é visto como hóspede no terreno do outro, sempre traz novas ideias e, ao mesmo tempo, certas preocupações. Entre saída e chegada, podemos afirmar que, no meio do caminho, muitos fenômenos acontecem no interior do missionário, e devem ser observados. Ele adquire dois saberes – saber deixar e saber chegar –, que estão intimamente relacionados entre si. Os missiólogos Steve Bevans e Roger Schroeder (2016) nos fornecem três imagens como aprendizado no processo de saída do missionário: aprender a tirar os sapatos; aprender a se tornar hóspede na casa do outro; e aprender a entrar no jardim do outro.

1.3.1 Aprender a tirar os sapatos

O aprendizado de tirar os sapatos traz diversas imagens inter-relacionais entre dois mundos do missionário: o deixado e o chegado.

A orientação de Max Warren (citado por Bevans; Schroeder, 2016, p. 18) ajuda a compreender adequadamente esse processo:

> ao nos aproximarmos de outro povo, outra cultura e outra religião, nosso primeiro dever é tirar os sapatos – pois o lugar do qual nós estamos aproximando é sagrado. Caso contrário, podemos nos descobrir pisando no sonho de outra pessoa. Mais sério ainda: podemos esquecer que Deus lá estava antes que chegássemos.

O significado no processo de tirar os sapatos enquanto o missionário vai à cultura do outro vem da leitura bíblica do Êxodo, quando diz "Tire as sandálias dos pés, porque o lugar onde você está pisando é um lugar sagrado" (Ex 3,5) – foi a ordem de *Yahweh* a Moisés. As sandálias representam o processo de socialização do qual uma pessoa participa no lugar em que nasce e cresce – principalmente na infância até a adolescência. Os elementos culturais apreendidos a partir da família, da escola ou da Igreja, se tornam as sandálias com as quais de modo geral a pessoa caminha.

Quando se fala da missão, existe uma exigência de deixar a cultura aprendida e ir para outras, adquirir novas formas culturais e assim fazer os ajustes; em outras palavras, "tirar os sapatos culturais" anteriores e calçar novos conforme o novo ambiente. A essa postura se dá o nome de *inculturação*. A importância do sapato é que ele sempre nos oferece o conforto, portanto estabelece-se uma íntima relação para que cada passo seja dado numa forma tranquila.

No entanto, ao sair para outra cultura e ao calçar o outro sapato, entende-se que este também é bom – sagrado – e, no processo de reconhecimento da sacralidade do novo sapato, muitos elementos do calçado de origem se deslocam. Assim, podemos entender, conforme afirma Bonder (2008, p. 40), referindo-se aos apelos de comissários de bordo depois do pouso da aeronave na pista: "Cuidado ao abrir os compartimentos da bagagem, pois os objetos podem ter se deslocado durante a viagem". Nessa passagem, nada permanece como foi deixado antes, pois as bagagens culturais, religiosas e familiares se deslocam. Quanto menor a bagagem, tanto melhor a viagem.

É impossível se "desvestir" completamente de todo o aprendizado da cultura original, pois carregamos boa parte desse repertório por toda a vida. Mesmo que na cultura hospedeira haja tantas bênçãos e avanços em relação àquela que foi deixada, é impossível não reproduzir certas coisas que ficaram para trás. A terra de onde se parte é aquela onde se viveu, portanto não há substituto para o que foi vivido. Mesmo em condições melhores, mesmo em circunstâncias mais apropriadas à nossa visão de mundo, o que se viveu é parte de uma terra deixada. Como diz Nicolau Bakker (2018, p. 300, citado por Lussi; Marinucci; 2018, p. 141):

> saibamos que ninguém de nós, indo a um outro continente ou outra cultura consegue "desvestir-se" de sua roupagem cultural original. Podemos compreender, e até "adotar", uma nova cultura ou tradição religiosa, mas esta nunca será o nosso "eu", formado na infância e na adolescência. Apenas um descomunal esforço nos permite "captar" de verdade e nos dar bem" na nova religiosidade encontrada.

O segredo de tirar os sapatos encontra-se no aprendizado do missionário: o que deve ser preservado e o que deve ser eliminado na viagem de uma cultura para outra.

1.3.2 Aprender a se tornar hóspede na casa do outro

Todos os missionários, de certa forma, são hóspedes na casa ou na cultura de alguém. Portanto, o que importa é saber se tornar hóspede, que é continuação do primeiro aprendizado. A princípio, o missionário, antes de tudo, é um hóspede, que estabelece sua morada na casa de outro povo e em outra cultura. Como afirma Andrade (2013, p. 42), "de modo geral vive numa situação de dependência. Ele tem como obrigação apreciar e aceitar o que é oferecido, qualquer que seja a oferta, pois está numa casa emprestada. Ser hóspede é uma condição necessária para o missionário, no processo da viagem"[6].

Assim, ao longo dos anos, o missionário passa a assumir rumos diferentes, conforme o seu entrosamento na nova cultura; tal entrosamento, por sua vez, depende do tamanho da "mala" da cultura de origem que ele carrega – a princípio, ela é o patrimônio mínimo que leva consigo, é o pequeno poder em terras onde é desprotegido. Nesse ínterim, adquire a sabedoria de que, na trajetória missionária, o que é mais importante é a interação.

A confiança na interação leva o missionário a construir as relações mais calorosas, iniciando, assim, o processo de se desprender das bagagens trazidas da cultura de origem. Toda relação de hospitalidade caracteriza-se por trocas entre o anfitrião e o hóspede: o primeiro oferece o abrigo, e o segundo, a novidade; trata-se da prosperidade externa do anfitrião e da prosperidade interna do hóspede. Nessa atitude, alterna-se a identidade de anfitrião e hóspede: nesse momento, o hóspede se comporta como dono da casa e faz ao outro o que precisa que façam com ele. Percebe em si uma prosperidade que alterna valores externos e internos e permite encontros nesse mundo, não só com a diversidade, mas com seres transmutados em divindade.

Uma vez que é reconhecida a presença da divindade, o hóspede aprende a saber deixar e saber chegar. O missionário aprende sobre o que deve deixar da cultura de origem e do que deve se apropriar da

---

6 Existe um "porém" nessa aceitação na casa de alguém: não se deve procurar qualquer benefício para si próprio e tampouco para o acolhedor.

cultura de acolhida; ele sempre tem que estar à disposição para o diálogo e acolher o outro nas suas viagens missionárias.

1.3.3 Aprender a entrar no jardim do outro

O terceiro aprendizado é a imagem de entrar no jardim do outro, oferecida pelos missiólogos Steve Bevans e Roger Schroeder. Depois de longa experiência missionária nas Filipinas e em Papua-Nova Guiné, os autores compreenderam que todas as culturas apresentam o jardim como lugar de flores variadas e pequenas plantas que embelezam, principalmente, o lar das famílias ou das grandes cidades; trata-se a princípio de um lugar onde se produzem variedades de flores, plantas de naturezas diferentes. O que é interessante notar também é a facilidade que têm as ervas daninhas para tirar a beleza do jardim. Isso significa que, para mantê-lo belo, é necessário capricho do jardineiro, além de constantes chuvas e clima agradável.

Aqui se referem à imagem do "jardim cultural", ou seja, em algumas culturas – principalmente no Extremo Oriente – o *status* da pessoa é construído na produção agrícola, nesse caso do jardim a quantidade de flores ou plantas. Na passagem de uma cultura para outra, o missionário deve ter a consciência das consequências que o acompanham enquanto faz a passagem, as quais podem variar tanto no campo missiológico quanto no teológico. De modo geral, podem surgir três atitudes específicas. A primeira seria considerar que o jardim do outro é de apenas "ervas daninhas", ou seja, ele é incapaz de ver algo bom em outra cultura. O modo antigo de realizar a missão era assim: representava uma aproximação na tábula rasa, isto é, remover tudo da nova cultura e impor aquela que levou consigo.

A segunda atitude seria considerar que o jardim do outro carrega somente as "belas flores". Trata-se de algo mais problemático e que pode ser questionado teologicamente. Mais ainda, com essa postura o missionário pode demonstrar que está totalmente deslocado e sem interesse algum para pregar o Evangelho, haja vista que tudo o que se encontra em outra cultura é agradável e de grande valor.

A terceira atitude seria a do meio-termo – os autores a denominam de *diálogo profético* –, em que se reconhece o jardim como lugar tanto de belas flores como de ervas daninhas. Essa compreensão leva o missionário a respeitar a cultura do outro e ao mesmo tempo reconhecer que a dele também possui belas flores e ervas daninhas. Nesse processo, os gestos de julgamento em relação ao outro não terão espaço, e assim o missionário pode entrar no jardim do outro com tranquilidade.

1.4 Missiologia e antropologia[7]

Quando se trata de fazer a missão em culturas diferentes, um dos elementos importantes é a tendência de entrar nelas pela perspectiva do nativo, que carrega, a princípio, os preconceitos em relação a outra cultura e outro povo. O missionário quer fazer as mudanças para que outro se volte, o mais rápido possível, para a dinâmica de sua ótica. A introdução da antropologia para aproximar os contextos missionários vai ajudar a evitar todos os preconceitos e julgamentos desnecessários em relação à cultura na qual ele vai se inserir.

Antropologia é uma ciência que trata do ser humano, começando por suas origens e todos os seus aspectos, tanto os religiosos quanto os sociais. A missiologia, por sua vez, trata do fazer do ser humano e, de modo geral, se encontra na atmosfera da Igreja. Entretanto, no

---
[7] A razão de incluir a dimensão da antropologia na disciplina de Missiologia é que por vezes os missionários, até mesmo nos tempos atuais, entram pelos paradigmas estabelecidos no Concílio de Trento (1545-1564). A dimensão antropológica que leva o missionário a ver os contextos com olhos diferentes se refere à antropologia cultural e social.

contexto atual percebemos que ambas estão em crise, visto que não conseguem explicar, com clareza, os fenômenos recentes. O antropólogo polonês Malinowski deve ter iniciado a antropologia moderna com suas pesquisas na região de Papua-Nova Guiné, estabelecendo certos parâmetros para conhecer os povos; ele deve, pois, ir ao povo, conhecer a cultura e, assim, o trabalho localizado é importante. Outros antropólogos como Radcliffe-Brown, Lévi Strauss e Clifford Geertz aderiram a essa proposta, cada qual com suas especificidades.

A diferença entre o missionário e o antropólogo no que tange à missão é que o primeiro se insere na vida do povo, e o segundo permanece neutro. A proposta principal do antropólogo é: mesmo estando com o povo, preservar distância para vê-lo como ele é. A proximidade excessiva interfere na objetividade e pode fazer com que os elementos sutis do estudo da cultura passem despercebidos. Entretanto, a proposta da Igreja é que o missionário se insira no meio do povo, tornando-se um com ele e elaborando as atividades destinadas ao bem-estar da coletividade.

Em se tratando da missão, em determinados momentos o missionário precisa ter as atitudes do antropólogo em relação à cultura em que é inserido para elaborar suas ações de maneira adequada. A distância e a aproximação do antropólogo e, ao mesmo tempo, do missionário são a forma mais prudente, nos tempos atuais, de realizar a missão. Na era da globalização, a tendência é de universalizar, ou generalizar o localismo, ou fazer todo o mundo igual. Sabemos que a religiosidade popular é quase geral para todas as pessoas, e as formas de lidar com ela são semelhantes. O diálogo entre essas duas ciências enriquece a qualidade da aproximação entre ambas e melhorar os resultados dos trabalhos.

Certa orientação não ficaria fora do lugar na abordagem do panorama geral da missão. Os contextos contemporâneos são complexos, portanto é preciso dar determinados conselhos aos missionários sobre as formas de aproximar tais contextos a fim de que possam exercer as atividades com tranquilidade. Apresentaremos as cinco imagens bíblicas que podem oferecer as pistas adequadas para aproximar os contextos da missão e preservar certa intimidade com a Palavra de Deus, para manter o equilíbrio entre a mística e a missão ou, podemos dizer, entre o ser e o fazer. Algumas dessas imagens ajudam imensamente para se fazer o caminho da missão. Como afirma Andrade (2015b, p. 189),

> O missionário deve ir ao Deserto, que é o lugar do silêncio, e ir ao encontro do Pai. Em outros momentos ele deve ir a Galileia, lugar de grande pobreza, o lugar dos contextos missionários contemporâneos, e assim pisar com os pés no chão. Também deve ir a Jerusalém, centro do poder econômico, religioso e político, no contexto atual estar informado sobre os acontecimentos mundiais, da Igreja global [...]. Por fim, deve conhecer a Samaria, lugar de abertura, descobrir novos areópagos, novos rumos da missão.

Além disso, uma última imagem bíblica, talvez a mais importante na atualidade, é da Betânia, onde Jesus foi descansar na casa de Marta, Maria e Lázaro. Certamente ela também ajudará o missionário a discernir melhor a sua missão a partir do descanso.

Síntese

O panorama geral da missão foi apresentado em três âmbitos, com realidades distintas, que são os terrenos específicos da missão contemporânea. O primeiro diz respeito à realidade da missiologia em três contextos: mundial, sociocultural e digital. O mundo atual encontra-se em profundo desajuste em diversos campos, dificultando uma vivência harmônica entre os seres humanos. Isso se deve aos fatores da emigração e imigração e também ao campo da globalização.

O segundo âmbito consiste, por um lado, no contexto do cristianismo do mundo atual, principalmente do século XXI, com os movimentos pentecostais; por outro, no aumento considerável do número de pessoas que buscam a espiritualidade sem pertencer a uma religião estruturada. Além disso, observamos o fenômeno crescente da dupla ou múltipla pertença, sem falar da maior quantidade dos grupos que se declaram sem religião. O cristianismo atual se tornou mais um terreno de autoajuda do que propriamente uma experiência mística de Deus.

O terceiro âmbito refere-se ao processo de entrada do missionário em outra cultura; nesse caso, associamos sua figura a de um hóspede na casa do outro. Apresentamos três aspectos concretos, com fundamentos teológicos e antropológicos: 1) saber tirar os sapatos, que significa adquirir a sabedoria para aprender a deixar algo herdado da cultura de origem; 2) saber se tornar hóspede numa outra cultura, o que equivale aprender a entrar na casa de alguém com respeito; 3) entrar no jardim do outro, que significa observar, meticulosamente, os elementos da outra cultura e os aspectos que necessitam de modificações.

Finalmente, abordamos a dimensão antropológica da missão, mostrando que o missionário deve ser investido da neutralidade do antropólogo, que o ajudará a preservar a proximidade e o distanciamento, com vistas a enriquecer a qualidade do trabalho missionário.

Indicação cultural

MISSÃO da Igreja na sociedade (8min 25s). In: MISSÃO é servir: quem quiser ser o primeiro, seja o servo de todos (Mc 10:44). Campanha Missionária 2015. Pontifícias Obras Missionárias. 1 DVD.

Esse DVD apresenta situações nas quais os missionários e missionárias vivem a missão de servir. São testemunhos que nos provocam a sair ao encontro dos mais pobres e defender a vida.

O material tem nove apresentações no formato de nove dias com temas específicos. Aqui escolhemos a reflexão do segundo dia conforme o tema da obra.

Atividades de autoavaliação

1. Missão é uma atividade sempre contextualizada. Ela tem a ver com situações e realidades concretas, que marcam marca a especificidade da missão. Mosconi (2015, p. 44) afirma:

   > É perigoso querer realizar uma missão do mesmo jeito, em lugares diferentes do mundo. Viver a vida como missão na cidade ou no campo, no meio da juventude ou entre pessoas idosas, nesta ou naquela cultura, nesta ou naquela realidade sociopolítica, não é a mesma coisa. A escolha dos objetivos concretos da missão depende dos contextos socioeconômico-político-culturais onde ela acontece. Nós somos seres situados. Missão e situação são inseparáveis.

   Será que a missão acompanha os contextos? Com base no que estudamos no capítulo, assinale a resposta correta.
   a) Os sentidos não têm importância na experiência da missão.
   b) As situações concretas e as situações missionárias são separáveis.
   c) A missão deve ser feita de uma única forma no mundo todo.
   d) Somos seres situados, portanto a missão e a situação são inseparáveis.

2. O cristianismo passa por diversos momentos de crise, por isso oferece um mapa muito mais complexo. Nesse sentido, é correto dizer que os novos fenômenos da religiosidade atual são:
   a) dupla pertença e busca do sagrado no exterior.
   b) dupla pertença e busca do sagrado sem pertença religiosa.

c) busca do sagrado com as pessoas diferentes.
d) ninguém busca hoje em dia o sagrado.

3. Qual é o papel da antropologia e da missiologia na missão concreta? Assinale a alternativa correta:
   a) A antropologia ajuda a preservar a atitude de neutralidade, e a missiologia contribui para elaborar a inserção.
   b) A antropologia ajuda a trabalhar com o povo diretamente, e a missiologia aponta os defeitos dos outros.
   c) Não existe antropologia na missão.
   d) Nem antropologia nem missiologia ajudam na missão.

4. Steve Bevans e Roger Schroeder (2016) nos fornecem imagens como aprendizados no processo de saída do missionário. Nesse sentido, é correto afirmar:
   a) na missão não existem as imagens, somente o trabalho.
   b) na missão, o missionário não deve tirar o sapato; somente tem de entrar na casa de alguém.
   c) o missionário deve aprender a tirar os sapatos, aprender a se tornar hóspede na casa do outro e aprender entrar no jardim do outro.
   d) o missionário deve aprender a tirar os sapatos, aprender a se tornar hóspede na casa do outro e aprender a sair da casa do outro.

5. Quais são as cinco imagens bíblicas para preservar o equilíbrio entre mística e missão? Assinale a alternativa correta:
   a) Deserto, Galileia, Jerusalém, Samaria e Betânia.
   b) Nenhuma imagem bíblica pode criar o equilíbrio.
   c) Deserto, Jericó, Jerusalém, Samaria e Betânia.
   d) Deserto, Galileia, Jerusalém, Betel e Betânia.

Atividades de aprendizagem

Questões para reflexão

1. Diante do panorama geral da missão apresentado neste capítulo e que revela novos fenômenos de religiosidade, qual é o lugar do missionário nessa complexa realidade? Comente a respeito.

2. Imagine que você fará uma viagem missionária e identifique o trabalho que você iria desenvolver, detalhando as ações mais importantes.

Atividade aplicada: prática

1. Assista ao vídeo "Missão da Igreja na sociedade", que está contido no DVD da *Campanha Missionária 2015* (Pontifícias Obras Missionárias), intitulada "Missão é servir: quem quiser ser o primeiro, seja o servo de todos (Mc 10:44)". O material apresenta contextos missionários que ajudaram algumas pessoas a tomarem atitudes concretas para assumir a missão. O testemunho e o trabalho dos agentes missionários são formas de lançar as sementes da missão.

Após conhecer o vídeo, visite um dos contextos da missão de sua cidade – por exemplo, lar de idosos, cadeia, escola de surdos e mudos ou lugar de periferia – e observe o modo pelo qual os missionários desenvolvem as atividades para ajudar a situação.

Escreva em um texto os aspectos importantes observados por você nessa visita e o sentimento que teve no contato com as pessoas. Na elaboração desse texto, reflita a respeito da situação do Brasil, principalmente os contextos precários que necessitam o suporte missionário. Inclua também no seu relato ações que podem ser desenvolvidas em relação às duras realidades encontradas nas periferias das cidades. Em seguida, faça uma pequena apresentação na sala de aula para os colegas a respeito daquilo que você viu e sentiu, partilhe com a turma seus sentimentos e, se for possível, peça à turma para fazer uma visita a esse lugar e desenvolver uma atividade concreta.

2
Fundamentos bíblicos da missão: Antigo e Novo Testamento

O objetivo principal deste capítulo é apresentar o caminho bíblico da missão com base nas leituras do Antigo e do Novo Testamentos. A missão tem suas raízes tanto em um quanto em outro, mas com focos distintos. No primeiro, é entendida como convite, pois a comunidade estava se formando com base na experiência do Monte Sião, e todos os povos convidados a fazer essa experiência. No segundo, essa ideia passa pela mudança; a missão é vista como envio, levando em conta que os apóstolos partiram para terras diferentes depois da experiência de Pentecostes para pregar a boa nova a todos os povos, com a atitude de superioridade. Essa compreensão tradicional da missão, como enviar os missionários a lugares geograficamente distantes, passa por certos questionamentos e também levanta desafios em relação à missão nos tempos contemporâneos.

Portanto, a tarefa neste capítulo é estabelecer os fundamentos bíblicos da missão como **convite**, no Antigo Testamento, e da mudança, pela qual passou para tornar-se **envio** no Novo Testamento.

2.1 Duas vertentes bíblicas da missão

Desde a criação do mundo, apresentada em Gênesis, ficou evidente que a missão sempre foi vista como obra e atividade de Deus. A obra da criação, a criação do ser humano e as responsabilidades confiadas a ele mostram a dimensão mais participativa de Deus no mundo. A partir de então, a missão é compreendida como atividade de Deus – *Missio Dei* (ou "missão é Deus") – e nós somos colaboradores e participantes dela.

Talvez surja a questão: por que precisamos buscar os fundamentos para a missão no Antigo Testamento se, como afirma Bosch (2002, p. 35), "não há indicação de que os crentes da antiga aliança seriam enviados por Deus para cruzar fronteiras geográficas, religiosas e sociais a fim de conquistar outras pessoas para a fé em Javé"? Não existem evidências de que alguém foi enviado para as outras terras para pregar a boa nova; há indícios de que isso teria ocorrido com Jonas, mas ele não tinha nada a ver com o sentido da missão, pois o autor diz: "O profeta Jonas foi enviado a Nínive não para proclamar a salvação aos não crentes, mas anunciar a devastação. Nem ele mesmo está interessado na missão; ele está interessado somente na destruição" (Bosch, 2002, p. 35).

As raízes bíblicas da missão podem ser encontradas na compreensão da Igreja de que ela é legítima herdeira das promessas de Israel. Como aponta Paulo Suess (2007, p. 21) de maneira muito clara:

> Na afirmação dessa herança se fundamenta a compreensão da unidade histórica e salvífica entre o Antigo e Novo Testamento, apesar de rupturas e diferenças. Podemos falar de uma continuidade com rupturas entre os dois testamentos. Simplificando um pouco, poderíamos caracterizar as diferenças entre ambos com as palavras "convite" e "envio". "Missão" no Antigo Testamento significa convite de todos os povos com suas religiões purificadas da idolatria para a peregrinação escatológica ao Monte Sião, que no imaginário bíblico tardio representa a Nova Jerusalém. Já no Novo Testamento e na prática pós-pascal e pós-constantina dos cristãos o significado da "missão" é envio aos confins do mundo com a tarefa de produzir conversões no aqui e agora da história ao único salvador Jesus Cristo.

2.1.1 Dois textos bíblicos comparativos

Para entendermos melhor a missão como convite e como envio, com base em dois textos que poderiam ampliar a nossa visão, ilustraremos os dois conceitos por meio do Quadro 2.1.

Quadro 2.1 – Duas vertentes da missão

(Gn 1,31-2,3) "Era muito bom. E Deus viu tudo o que havia feito, e tudo era muito bom. Houve uma tarde e uma manhã: foi o sexto dia. E Deus abençoou o sétimo dia e o santificou porque nele descansou de toda a sua obra."	(Jo 3,16-17) "Pois Deus amou de tal forma o mundo, que entregou o seu Filho único, para que todo o que nele acredita não morra, mas tenha a vida eterna. De fato, Deus enviou o seu Filho ao mundo, não para condenar o mundo, e sim para que o mundo seja salvo por meio dele."

2.1.2 Missão como apreciação

O texto do Gênesis (1,21-2,3) apresenta uma ideia de que toda a criação realizada por Deus é uma obra perfeita, que Ele mesmo achou muito boa. Essa atitude de Deus denominamos *apreciação*, pois Ele próprio participa nessa atitude. Na apreciação, o foco é: "o ser é"; reconhecer o bem e se alegrar com ele, ou acolher o amado; é estar contente naquilo que somos e por aquilo que fazemos.

Partindo desse princípio, devemos entender que qualquer saída ou envio do missionário passa a exigir alguns requisitos concretos aplicados à pessoa dele. O modo antigo da missão era simplesmente colocar o foco mais para fora – batismo do outro, bem-estar do outro, conversão do outro, enfim, melhorar o contexto da missão. Todos aqueles que não se encontravam no redil do cristianismo precisavam ser incluídos.[1] Na atualidade, o entendimento da missão é que a importância é dada também para a pessoa do missionário. Ele deve estar, em primeiro lugar, bem consigo mesmo, com seu conteúdo e com sua experiência de Deus, caso contrário há possibilidade de mais atrapalhar a missão do que contribuir para a evangelização. Nesse sentido, a dimensão da apreciação resgata a da mística, uma das vertentes missionárias que fundamenta toda a atividade missionária.

---

1 A compreensão da missão era orientada na superioridade do conteúdo da revelação cristã. Todos deveriam acolher, se não, como afirma Paulo Suess, referindo-se aos povos de outras culturas, "Francisco Xavier respondeu aos japoneses, como José de Anchieta aos índios e Antônio Vieira aos escravos: estão no inferno. Nem bondade natural, nem orações ou sacrifícios conseguiram tirá-los desse lugar definitivo" (Suess, 2007, p. 21-22).

2.1.3 Missão como preocupação

O texto de João (3,16-17) aponta a outra dimensão do aspecto missionário, a atitude de preocupação. Encontramos um contraste, pois nesse texto o mundo não está nada bem, por isso Deus envia seu Filho para salvá-lo. Na atitude de preocupação, o foco não é o ser que está bem consigo mesmo, mas aquele que não está bem e pede ajuda consciente ou inconscientemente. Isso pode ser aplicado a contextos e realidades de natureza diferentes. A preocupação tenta ver o outro como destinatário da missão, como alguém que necessita de ajuda para erguer-se, portanto surge o conceito do envio ou saída do missionário.

Partindo desse princípio, entendemos que o envio missionário objetiva resgatar o mundo, como Deus faz, enviando o próprio Filho. A preocupação motiva o cuidado do outro, para valorizá-lo, mesmo que ele seja também a cultura, a natureza, ou para lidar com os problemas que afetam a humanidade.

2.1.4 Equilibrando apreciação e preocupação

Compreendemos na atualidade que a Igreja, por natureza, é missionária. Como aponta Suess (2007, p. 22), a partir do "Vaticano II, a Igreja Católica redescobriu a sua natureza missionária em detrimento de uma compreensão territorial da missão, seu ser, em detrimento do seu ter". Assim, na tentativa de equilibrar esses dois focos da missão, os missionários são convidados a compartilhar a missão no mundo, que é cheio do Espírito. A capacidade de aprender a manter o equilíbrio entre a apreciação e a preocupação é um elemento muito importante pois testemunha a vinda do Reino. Tal equilíbrio pode ser ilustrado com diversas imagens: "porta para entrar e porta para sair" ou, como aponta

Jyothi Sahi (1995, p. 412), "espiritualidade introvertida e espiritualidade extrovertida".

A imagem da porta remete a duas funções: a de entrar e a de sair. A primeira apresenta a dimensão da apreciação, e a segunda, a da preocupação. Um olhar para dentro do próprio coração, da própria realidade; e outro olhar para fora, ao mundo exterior, ou seja, o outro e os contextos da missão. A imagem da espiritualidade introvertida aponta para a experiência de Deus, o bem-estar do missionário; já a da espiritualidade extrovertida é mais prática, preocupada com os trabalhos, tentando objetivar os sentimentos nas iniciativas humanitárias como ajudar os necessitados ou transformar a sociedade.

Encontra-se precisamente um jogo dinâmico entre essas duas atitudes ou qualidades da missão. Elas são os pés direito e esquerdo da jornada do missionário; um dá espaço para o outro, que é o processo dinâmico. Infelizmente esse equilíbrio pode ser perdido e provocar distúrbios em qualquer direção.

2.2 Caminho da missão no Antigo Testamento

Depois de apresentar as raízes de duas vertentes da missão, é prudente elaborar os aspectos específicos da missão no Antigo Testamento. Encontramos as figuras-chaves desde Abraão até o início do Novo Testamento (patriarcas, reis e profetas), cada uma com seu modo peculiar conforme a época, elaborando os contextos da missão. Vejamos a seguir.

2.2.1 Trajetória de Abraão como ponto de partida

Tratando da missão no Antigo Testamento, o pai Abraão apresenta dois modelos da missão: o caminho e o peregrino. O homem do deserto sempre se encontra preso aos limites da sua sobrevivência. Assim, Abraão se tornou um marco para diversas culturas:[2] em busca de lugares de estabilidade, ele precisa caminhar e precisamente no caminho adquire múltiplas experiências. Como afirma Nilton Bonder (2008, p. 18-19):

> Sabemos que se trata de uma peregrinação porque ele ouve o chamado. Não há endereço, só chamado. Por isso é que Abraão é um peregrino. O Criador lhe diz para ir à terra que lhe mostrará. [...]. Não se trata de uma trajetória para um lugar, mas sim de um caminho para si. Lech Lechá – assim convoca Deus a Abraão – vá a si, até a terra que te mostrarei.

Se entendermos a missão como saída, estar em constante movimento, a imagem de Abraão é uma inspiração para a Igreja. Ao longo da trajetória, Abraão estabelece as relações com outras nações e povos. Como afirma Bosch (2002, p. 37): "Toda a história de Israel revela a continuação do envolvimento de Deus com as nações. O Deus de Israel é o Criador e Senhor do mundo inteiro. Por essa razão, Israel só pode compreender sua própria história em continuidade com a história das nações, não como história separada". Os novos conceitos como "estar a caminho", "discípulo missionário" e "Igreja peregrina" são as imagens

---

2 Abraão é considerado como pai das três tradições semíticas que posteriormente bifurcaram devido aos fatos históricos. Ismael, o filho mais velho, deu o ponto de partida para a tradição islã; Isaque, o filho mais novo, foi o continuador da tradição judaica. A partir dali houve um rompimento com a tradição judaica, dando lugar à tradição cristã. Portanto, essas três tradições são chamadas de herdeiras de Abraão.

que se referem ao trajeto missionário e contempladas a partir da trajetória de Abraão.

2.2.2 Trajetória de Moisés

Moisés significa, etimologicamente, "aquele que vem das águas" e se tornou outro marco na compreensão da missão atual. Com duplo vínculo – raízes hebraicas e formação egípcia no palácio –, ele parece ter desenvolvido as habilidades de liderança e a determinação para resolver as necessidades do povo. Podemos adequar em duas dimensões: a primeira, chamada de *experiência empírica no Egito*; e a segunda, de *experiência mística no Monte Sinai*.

A experiência no Egito se deve ao contexto da época, na região rica da bacia do Rio Nilo, levando a uma fartura de comida e, ao mesmo tempo, a um castigo terrível para a classe trabalhadora na construção das grandes pirâmides. Moisés, sendo observador meticuloso e acompanhando o sofrimento do seu povo, decide defendê-lo e libertá-lo desse castigo. Após o assassinato de um soldado egípcio, precisou fugir ao Deserto de Madiã, onde ouviu o chamado de Deus e teve confirmada sua decisão de liderar a libertação. Javé disse a ele: "Eu vi muito bem a miséria do meu povo que está no Egito. Ouvi o seu clamor contra seus opressores, e conheço os seus sofrimentos. Por isso, desci para libertá-los do poder dos egípcios [...]" (Ex 3,7-8).

A segunda experiência foi a do Monte Sinai, que podemos afirmar ser o marco da identidade judaica e, posteriormente, se tornou o elemento principal da tradição na entrega das Leis ou Torá. Fazendo uma leitura antropológica do fenômeno, observamos que o povo já havia caminhado toda a região desértica e, agora, chegando à Península do Sinai, avistou a região do outro lado, com mais ou menos vegetação.

Nesse momento, a esperança da terra prometida se tornou realidade, devido ao alcance da comida e de outras necessidades da vida.

De modo geral, entendemos que onde há fartura alimentar, também existe o esquecimento do passado. Como um bom líder, Moisés intuiu a perda do controle sobre o grupo que ele mesmo conduziu e subiu o cume do Monte Sinai, onde teve a experiência mística do encontro com Deus, da qual surge uma relação pactual entre Javé e o povo, que a Bíblia chama de *aliança*. O conteúdo da *aliança* seria a proteção por parte de Javé, e a obediência por parte do povo.

Nessas experiências, enquadramos toda a trajetória da missão e podemos dizer, na linguagem missionária que utilizamos anteriormente, missão como apreciação e missão como preocupação. É interessante notar que ambas aconteceram na realidade do deserto, lugar onde os indivíduos fazem duas experiências radicais: confronto consigo mesmo e confronto com Deus. O primeiro confronto acontece na planície, na imensidão da areia, e o segundo, acima da montanha, nos cumes das rochas estéreis. Recebemos a Torá. Israel iniciou seu caminho não para sair a outros lugares, mas para construir uma identidade específica de si como povo escolhido de Deus.

2.3 Nascimento da missão como convite

Na Bíblia hebraica, a visão da missão de Israel está intimamente vinculada à aliança de Javé com seu povo no Monte Sinai. Anteriormente a ela, houve alianças. Por exemplo, como aponta Paulo Suess (2007, p. 25-26):

Na aliança com Noé (Gn 9,8-17), Israel representa a humanidade. Trata-se de uma aliança universal, que inclui todos os povos e animais que estiveram na Arca. As outras alianças com Abraão (Gn 17) e Moisés (Ex 19-24) são alianças etnicamente restritas. Referem-se a Abraão e a sua descendência.

Entretanto, a aliança do Monte Sião é específica do povo que já foi escolhido depois da "passagem do Egito à terra prometida"; assim, torna-se algo próprio do povo eleito. Já a aliança com Noé, apresentada no Gênesis e posteriormente chamada *Leis de Noé*, foi entendida pela tradição rabínica como o conjunto das normas de conduta moral que Deus imputou a todos os povos – portanto compreendida como aliança universal.

Podemos observar nessa aliança certo desenvolvimento da superioridade de Israel em relação a outros povos, visto que o primeiro não oferece a Aliança nem a Torá aos segundos (cf. Jr 32,37-41,50,4-32; Ez 16,59-63). Sua missionariedade está diferentemente configurada. *Missão* não é um envio para incorporar os outros povos na fé de Israel nem é um dom estritamente ligado à identidade de Israel (circuncisão, Aliança, Torá). Israel permanece, no decorrer da história, como o "povo eleito" por Deus e separado dos outros. O sentido da eleição está na separação, na identidade específica, no sinal e no testemunho.

2.3.1 Da "Arca do caminho" à "Arca do Templo"

Na fase inicial, Israel caminhava, carregando a arca da Aliança, de um lugar para outro, ainda que o povo fosse sedentário, tentando se fixar em determinado local. Somente após os assentamentos definitivos, quando o povo se instalou permanentemente nas terras, surgiu a ideia da construção do Templo. O Rei Salomão conseguiu erguê-lo, e assim a missão de Israel ganhou um novo significado. Dali em diante, Israel não precisou ir até outros povos, mas convidá-los. Não se tratava de um convite de integração àquilo que era próprio de Israel, mas de peregrinação com aqueles que lhes eram diferentes. O convite para a peregrinação ao Monte Sião foi dirigido a todos os povos, que deveriam seguir o caminho da Torá.

Nenhum dos textos da peregrinação dos povos fala de uma integração dos povos na aliança de Javé com Israel. Como percebe Paulo Suess (2007), essa tradição mais solta, em face da participação de outros povos na adoração a Javé, já estava presente na oração de Salomão, por ocasião da inauguração do Templo. Também o não judeu podia vir e orar no Templo e Javé podia atender às suas orações:

> Mesmo o estrangeiro, que não pertence a Israel teu povo, se vier de um país longínquo por causa da grandeza do teu Nome, [...], quando vier orar nesta casa, escuta do céu onde resides, atende todos os pedidos do estrangeiro, a fim de que todos os povos da terra reconheçam teu Nome e te temam como faz Israel, teu povo; eles saberão que o teu Nome é invocado neste Templo que eu construí. (2Cr 6,32-33)

2.3.2 Os aprendizados

Ao longo dos anos, o jogo entre a proteção de Javé e a fidelidade do povo passou a receber novos contornos. As constantes invasões estrangeiras e a destruição do Templo foram percebidas como castigo de Deus pela desobediência à Aliança. No entanto, o resgate do cativeiro, do regresso coletivo do exílio foi visto como proteção por parte de Javé. Assim, podemos observar que "Israel sempre aprendeu pelos dois caminhos: pelo caminhar histórico da obediência a Javé e pelo caminhar, que passa pela transgressão da Torá, e pelo esquecimento da Aliança, seguidos pelo castigo de Javé" (Suess, 2007, p. 29). Identificamos os aprendizados de Israel no Antigo Testamento ao longo da história que se encontram intimamente vinculados e são relevantes para a missão da Igreja.

Suess (2007) estabelece cinco aprendizados específicos, ao longo dos anos posteriores, durante a Monarquia, na dominação estrangeira e também no tempo dos profetas. O primeiro foi a **construção do monoteísmo**, com a absoluta soberania e unicidade de Deus. Essa crença protegeu a fé e a esperança de Israel contra os ídolos e preservou o foco no seguimento de Javé. Já o segundo aprendizado se encontrava em torno da **identidade**, pois Israel precisava se proteger da forte influência de culturas ao redor. O terceiro aprendizado, talvez o mais eficiente, foi o da **instituição da profecia**, em que os profetas avisavam constantemente o povo de Israel sobre a fidelidade e o compromisso com a Lei (Torá). O quarto referiu-se à **história do povo eleito, como história da salvação**, na qual Deus Javé caminhava com o povo. Por fim, o quinto foi a **transição da territorialidade à universalidade**, ocorrida principalmente durante o período da diáspora. Essa dimensão deve ter influenciado fortemente a Igreja Católica na expansão da missionariedade.

Assim, no sentido verdadeiro, não encontramos a vertente da preocupação com a missão no Antigo Testamento. A única e leve referência do envio se deu na missão de Jonas em Nínive. Toda a atividade de Israel era para construir a própria identidade, como povo escolhido por Deus; portanto, ela girava em torno da purificação do povo escolhido. Em grande parte, a missão era fazer a experiência de Deus no Monte Sinai. É possível ver que esse povo tinha uma noção clara de Deus e do relacionamento homem-Deus: "Não há Deus fora de mim. Volvei-vos para mim e sereis salvos, todos os confins da terra, porque eu sou Deus e sou o único" (Is 45,21). Nesse sentido, fica claro que não existe o envio missionário no Antigo Testamento, mas simplesmente o convite.

2.4 O caminho da missão no Novo Testamento

A missão, no Novo Testamento, recebe uma nova dimensão. Jesus, no determinado momento, a partir de sua experiência mística, rompeu com a tradição judaica e iniciou uma nova forma de compreender a missão. Portanto, essa ação passou a ser caracterizada por "Cristo como centro da missão". Jesus teve a formação e a experiência da Antiga Aliança e foi anunciado pelas Escrituras; foi introduzido por João Batista, a partir do batismo, e chamado expressamente como o "enviado de Deus" no evangelho de João (1,6).

Na pessoa de Jesus, encontramos certo rompimento e continuidade com o Antigo Testamento, como foi dito em Mateus: "Eis que eu envio o meu mensageiro à tua frente; ele preparará o teu caminho diante de ti" (Mt 11,10). Essa referência da profecia de Malaquias (3,1) aponta o rompimento com a Antiga Aliança e abre a possibilidade para a nova aliança.

2.4.1 Missão de Jesus

A missão de Jesus deve ser enquadrada na perspectiva de que a missão é de Deus (*Missio Dei*) e de que foi enviado do Pai para cumprir a vontade d'Ele. Ao longo dos quatro evangelhos, encontramos as afirmações de

Jesus sobre essa relação, vinculada com sua missão: "Quem vos recebe, a mim recebe, e que me recebe, recebe aquele que me enviou" (Mt 10,40; Lc 10,16). Essa declaração é bastante significativa, porque sinaliza uma identidade entre a missão de Jesus e a dos discípulos.

Além disso, Jesus oferece uma abertura a outros povos – algo impensável no AT – quando afirma: "é preciso que eu anuncie a boa nova do reino de Deus, também às outras cidades, porque é para isto que fui enviado" (Lc 4,31). Em certas falas dele, encontramos a preocupação específica com seu povo: "eu vim para as ovelhas perdidas da casa de Israel" (Mt 15,24); por outro lado, percebemos a dimensão da universalidade, quando Ele interveio em favor da mãe cananeia e do centurião, quando citou o bom samaritano e quando pediu água à mulher samaritana.

2.4.2 Missão no caminho itinerante

O caminho itinerante foi a escolha de Jesus – Ele próprio seguiu o Pai. O itinerante é aquele que sempre está a caminho, observando a realidade e os contextos específicos da missão. Jesus, vendo a realidade e ouvindo os clamores, conhecendo bem a região e as necessidades específicas do povo, escolheu como temas do seu ministério a conversão, o perdão e o estabelecimento do Reino de Deus. Para acompanhá-lo nessa peregrinação, chamou seguidores, discípulos e apóstolos. Como afirma Suess (2007, p. 34):

> A vocação exige uma mudança radical na vida das pessoas escolhidas. Pescadores que se tornaram missionários deixam de ser pescadores. Ao seguir Jesus, os discípulos sempre tiveram de deixar algo, que pode significar deixar tudo. Ao se tornar pescadores de homens e mulheres (cf. Mc 1,17), tudo o que aprenderam antes passa a ser apenas um referencial metafórico (cf. Lc 9,23ss). Foram

convocados para renovar todo Israel. Também a escolha dos Doze aponta para essa intenção. A finalidade da vocação e da convocação é o envio e o anúncio do Reino messiânico a Israel.

Os discípulos foram enviados como missionários, dois a dois, para pregar o Reino de Deus. Nessa prática do envio, Jesus plantou a semente da missão neles, os quais posteriormente compreenderam que as pessoas eram mais importantes do que leis e ritos. Essa dimensão deu o ponto de partida da missão a partir da experiência de Pentecostes.

2.4.3 Pentecostes: nascimento da Igreja em saída

A Páscoa e o Pentecostes mudaram o rumo da missão de forma drástica e definitiva. Perdidos e cheios de medo, os apóstolos, trancados numa sala, fizeram a experiência do Ressuscitado. Nesse encontro, Jesus desejou-lhes a paz e, logo em seguida, a partir da descida do Espírito Santo em forma de línguas de fogo, enviou-os ao apostolado na missão. Parece que foi nesse momento que nasceu a Igreja, com seu ímpeto, para todas as direções. A Igreja "nasceu em saída", quando, orientada pelo Espírito, entrou em contato com os outros. A missão se tornou para ela participação na vida divina, pelo fato de ser enviada.

Nessa fase inicial, é possível analisar a missão em duas dimensões. A primeira é a missão no tempo de Jesus, que podemos denominar como *tempo pré-pascal*, principalmente orientada para o povo eleito de Israel, com alguns episódios periódicos apontando aos outros povos – quando menciona, por exemplo, a viúva de Sarepta ou a cura do sírio Naamã da lepra.

A segunda dimensão é a do tempo pós-pascal, em que a missão se voltou inicialmente àqueles que frequentavam as sinagogas e, logo em seguida, a todos os povos, como afirma Suess (2007, p. 33): "essa missão se torna por obra de Deus missão *Ad gentes*, e chega, passando pela Grécia até Roma, ao centro do Império Romano (cf. At 14,27; 15,12)".

O fracasso da missão dos discípulos e da comunidade cristã primitiva entre os judeus é um dos pressupostos para a missão além de Israel. Paulo, o apóstolo, depois da experiência de queda no caminho de Damasco e sua eventual conversão, deu início ao acolhimento dos gentios na tradição cristã, fortalecendo a dimensão da missão *ad gentes*, chegando até Roma.

Existe também outra abordagem sobre o nascimento da Igreja (*eclesia*), a partir do rompimento com a tradição judaica. Citando Karl Rahner, Bevans e Schroeder (2011, p. 74) apontam para o profundo desdobramento teológico do Concílio de Jerusalém (49 d.C.), no qual o cristianismo passou de uma simples seita judaica a uma religião greco-romana dos gentios. Logo após a destruição do Templo, os judeus foram expulsos de Jerusalém, e a maior parte se instalou em Antioquia, a cidade mais importante da região, devido a sua localização estratégica e ao comércio.

Esses judeus se encontravam divididos em dois grupos – os tradicionais e os seguidores de Jesus – e realizavam seus cultos religiosos no mesmo espaço, a sinagoga. Boa parte dos que aceitavam Jesus como messias criou desentendimento no grupo até chegar ao rompimento definitivo, que foi confirmado no Concílio de Jamnia no ano 85 d.C. A partir dessa data, os que se separaram iniciaram o processo de organizar um conteúdo específico, dando a origem à Igreja em saída.

Dessa forma, podemos perceber que tanto a experiência de Pentecostes como o desentendimento em Antioquia fizeram os discípulos saírem de seus lugares, originando a primeira comunidade de seguidores de Jesus. Nisso, se encontra a semente de "missão como envio". Como aponta Suess (2007, p. 24),

A Igreja primitiva era uma Igreja missionária em todos os sentidos em sua prática diacônica[3], teológica e litúrgica. Embora a palavra "missão" não esteja presente nos escritos bíblicos, mas o campo semântico da atividade e reflexão missionárias se encontra nas palavras e na fé dos profetas e patriarcas, dos apóstolos e dos discípulos.

A unidade dos Testamentos encontra-se na compreensão de que a missão (*Missio Dei*) – iniciada na criação, sustentada na experiência do Monte Sinai e vivida ao longo dos anos de formação da identidade dos judeus – foi modificada por Jesus, ao oferecer nova interpretação e, ao mesmo tempo, possibilitar uma abrangência universal. Essa universalidade é vivida pela Igreja, quando ela descobre sua essência missionária, saindo de si e marcando presença em cada canto do universo. Nessa continuidade, observa-se que a missão se fundamenta na "missão de Deus", no coração da Santíssima Trindade. Os judeus acreditam nesse Deus sem ter nenhum vínculo com o cristianismo, já os cristãos têm as raízes de sua fé fincadas na tradição judaica.

No processo da evangelização, a Igreja convida a todos a acolherem a herança religiosa da tradição cristã, assim como está disposta também a aceitar a herança cultural e religiosa de outros povos. Desse modo, encontramos continuidade da missão desde os tempos do Antigo Testamento até os tempos atuais.

Síntese

Ao longo do capítulo, buscamos abordar os fundamentos bíblicos para a missão. Ambos os Testamentos falam do assunto, mas com focos diferentes. O Antigo Testamento a trata como convite, apresentando a proposta para todos fazerem a experiência do Monte Sinai. O Novo

---

3 Quando se fala da *dimensão diacônica da Igreja primitiva*, estamos nos referindo aos diáconos que desenvolviam as atividades da ceia nas casas. Todavia, ainda não havia o ministério do sacerdócio como existe na atualidade. A Igreja estava em construção tanto de sua identidade quanto de toda sua organização teológica e litúrgica naquele momento.

Testamento, por sua vez, aponta ao envio, saindo de si, logo após a experiência de Pentecostes. Os dois "falam da fé e do testemunho, da convocação do povo da aliança para uma responsabilidade universal para com o mundo; falam da obediência, do serviço, da luz do mundo, da conversão, do juízo e da salvação" (Suess, 2007, p. 24).

Jesus, depois de sua experiência mística, iniciou o ministério público, estabelecendo o Reino de Deus. Os discípulos e cristãos primitivos deram continuidade ao apelo de Jesus pregando a boa nova já na fase inicial do cristianismo.

Indicação cultural

> DEUS viu que tudo era muito bom: entendendo o livro de Gênesis 1-11. Produção: Centro Bíblico Verbo e Verbo Filmes. 2007. 1 DVD.

O vídeo apresenta uma reflexão sobre os primeiros 11 capítulos de Gênesis e a partir daí convida a rever a dimensão da missão. Além disso, propõe que todos deem continuidade à obra da criação que o próprio Deus iniciou. Os autores desses capítulos na perspectiva antropológica e da fé apresentam suas respostas sobre a origem do universo e da humanidade, da vida e da morte.

Atividades de autoavaliação

1. Marque a alternativa correta sobre as duas vertentes da missão abordadas no capítulo:

    a) A missão é entendida como apreciação e preocupação; a primeira é percebida como trabalhar, e a segunda remete ao descansar.

    b) A missão é entendida como apreciação e preocupação; a primeira é entendida como mística ou ser, e a segunda remete à missão, ao fazer.

c) A missão é entendida como simplesmente ir aos povos distantes e convertê-los.
d) A missão é entendida como andar como qualquer pessoa sem rumo, mas sempre seguindo os passos de Jesus.

2. No Antigo Testamento, Abraão representa dois modelos da missão. Estamos falando de:
a) modelo do caminho e modelo de peregrino.
b) modelo do caminho e modelo de silêncio.
c) modelo de silêncio e modelo de correr.
d) modelo da Igreja e modelo da catequese.

3. Analise as afirmações a seguir e marque V para a(s) verdadeira(s) e F para a(s) falsa(s):
( ) O chamado de Moisés se encontra nesse texto de Gênesis (12,1): "Saia de sua terra, do meio dos seus parentes e da casa do seu pai e vá para a terra que eu lhe mostrarei".
( ) O chamado de Moisés era para conduzir o povo do Egito para outro país e vizinhança, razão por que o faraó ficou com muito medo dele.
( ) O chamado de Moisés não existe na Bíblia, simplesmente alguém o criou para mobilizar o povo em busca da libertação.
( ) O chamado de Moisés se encontra nesse texto do Êxodo (3,7- 8): "Javé disse a ele: 'Eu vi muito bem a miséria do meu povo que está no Egito. Ouvi o seu clamor contra seus opressores, e conheço os sofrimentos. Por isso, desci para libertá-los do poder dos egípcios'".

Assinale a alternativa que apresenta a sequência correta:
a) V, F, F, F.
b) F, V, V, F.
c) V, F, V, F.
d) F, F, F, V.

4. Sobre a missão no Novo Testamento, assinale a alternativa correta:
   a) A missão no Novo Testamento tem origem na pessoa de Jesus e é caracterizada por "Cristo como centro da missão".
   b) A missão pertence a nós, e não a Jesus.
   c) A missão tem origem na pessoa de Jesus, mas nós não temos poder sobre a missão.
   d) A missão no Novo Testamento se caracteriza pelo envio dos discípulos e não tem nada a ver com a pessoa de Jesus.

5. Com base no que foi estudado neste capítulo, é correto afirmar que Pentecostes se refere à:
   a) Igreja em saída, mas está fechada sempre.
   b) Igreja em saída, mas com algumas reservas.
   c) Igreja em saída, na qual surge a dimensão do envio.
   d) Igreja em saída, mas envio somente aos judeus.

Atividades de aprendizagem

Questões para reflexão

1. Levando em conta o que estudamos neste capítulo, imagine o contexto da aliança do Monte Sinai. Com base nisso, faça uma reflexão sobre os valores que você recebeu em sua Igreja.

2. Quais foram as motivações para Jesus iniciar sua missão? Ele passou por uma experiência do deserto; e você, também poderia fazer uma reflexão dessa natureza?

Atividade aplicada: prática

1. Visite uma Igreja e participe da Festa de Pentecostes. Ouça e acompanhe as leituras e a homilia e perceba na celebração a dimensão do envio para missão. Note alguns elementos importantes da

celebração. Permaneça por alguns instantes em silêncio contemplando e refletindo sobre a celebração.

Leve sua experiência da participação da Festa de Pentecostes para a sala de aula e partilhe suas impressões com todo o grupo. Para essa atividade, considere as seguintes questões:

a) Por que a festa de Pentecostes é importante em relação ao envio à missão?
b) O que de fato tocou em você depois de participar na celebração de Pentecostes?
c) Que motivos levam as pessoas ir a missão?

Em um segundo momento, faça uma experiência de oração com todo o grupo – que deve formar um círculo, em cujo centro uma vela deve ser acendida sobre uma pequena mesa e realizar a leitura bíblica pertinente ao Pentecostes. Em seguida, partilhe as experiências numa forma de prece. Em um terceiro momento, discuta se há possibilidade de o grupo efetuar ação de envio a um contexto necessitado de sua cidade.

3
Missio Dei e Missio Ecclesiae: missão trinitária e natureza missionária da Igreja

O título deste capítulo já nos coloca nas trilhas da missão, que é de Deus – *Missio Dei* – e também da Igreja – *Missio Ecclesiae*. Como afirmam Bevans e Schroeder (2011, p. 11), citando Martin Kahler: a missão não é simplesmente a mãe da teologia, mas também da Igreja: a tarefa dos cristãos é oferecer o sustento e a energia para curar as feridas e fornecer uma visão adequada aos que são enviados.

Ainda segundo ressaltam Bevans e Schroeder (2011, p. 11): "A Igreja Cristã cresceu a partir da proclamação apostólica do Evangelho e está viva no ato da proclamação". Nesse ato de proclamação, estão as dimensões da *Missio Dei* e da *Missio Ecclesiae*, costurando o tempo passado com o tempo presente, entre Deus e a Igreja. O capítulo pretende analisar esses dois universos da missão, pois neles se encontra o segredo da natureza missionária da Igreja.

A abordagem parece simples; no entanto, tratar esse assunto não é tarefa fácil, pelo fato de envolver toda a teologia da missão. Portanto, pretendemos desenvolver nossas reflexões com base em três focos: 1) compreender o significado da natureza missionária; 2) analisar a missão como o projeto da Santíssima Trindade; e 3) abordar a natureza missionária da Igreja.

3.1 Compreendendo a natureza missionária

Iniciamos nossa abordagem destacando uma declaração do Decreto *Ad Gentes*, do Concílio Vaticano II, a qual corresponde a uma grande revolução na compreensão do conceito de missão: "A Igreja peregrina é missionária por natureza, porque tem sua origem na missão do Filho e do Espírito Santo, segundo o desígnio do Pai" (AG, n. 2). Sabemos que o cristianismo iniciou sua missão nos grandes centros urbanos do Império Romano, desde o primeiro século, e que o destino principal era Roma. O povo do campo – os *pagani* –, que muitas vezes bem falou a língua franca do Império, o grego, e mais tarde o latim, tornou-se sinônimo de não batizados, de pagãos, de sincretismo religioso e atraso cultural. Os pagãos dos territórios conquistados não assimilaram facilmente a religião e a cultura do Império. Como aponta Paul Suess (2007, p. 92),

> desde o início, os escritos do Novo Testamento e dos Santos Padres são contraditórios. Por um lado, os pagãos foram considerados radicalmente perdidos nas trevas de sua ignorância religiosa; por outro lado, sua maneira de viver representava uma "preparação evangélica" e "uma pedagogia para Cristo". Entre esses dois polos da rejeição e da assunção moveu-se a história da missão, por vezes

destruindo, por vezes assumindo antigas tradições culturais e religiosas dos povos.

Assim, percebemos que as grandes áreas geográficas nunca se converteram, sem vinculação da ação missionária, ao poder político da respectiva região, pois a conversão religiosa em grande escala era normalmente acompanhada por uma rendição ou assunção política. No interior dessa pedagogia de propagação do Evangelho encontram-se as duas palavras-chave: natureza e missionária.

3.1.1 "Natureza"

A palavra *natureza*, que, entre seus significados, pressupõe "essência", pode se referir a ambas as realidades da missão: a Trindade e a Igreja, que são missionárias em seu cerne. Tratando essa essência em relação a Deus, ela é a própria essência de Deus, porque "este desígnio brota do 'amor fontal', isto é, da caridade de Deus Pai" (AG, n. 2). Em outras palavras, a missão é de Deus, porque Ele é cheio de amor, um amor que transborda, que se comunica, que sai de si já com a criação do mundo. Ele é visto como Verbo – atividade incessante – ou, como afirmam Bevans e Schroeder (2016, p. 25),

> Deus é Movimento, um Abraço, um Fluxo – mais pessoal do que jamais poderíamos imaginar –, alguém que está sempre e em todo lugar presente na criação de Deus. Deus está presente até mesmo na criação imperfeita e deficiente, trabalhando na sua inteireza e cura, e chamando a sua criação para a sua plenitude.

Deus entra no mundo do pecado da humanidade com a história da salvação para reintegrar as criaturas na vida plena do Reino. Assim, podemos compreender que Ele é missão: a missão existe com Deus, diz respeito ao que Ele é ou – podemos dizer – a missão, primeiramente, trata do **ser** de Deus, e não do **fazer** de Deus.

Quanto a essa essência para a Igreja, percebemos que a missão da Igreja não teria, a princípio, um porquê, não surgiria de uma necessidade histórica de sobrevivência ou de domínio, mas é um impulso gratuito, de dentro para fora, que tem como origem e finalidade a participação na vida divina (cf. DAp, n. 348). A Igreja é a continuidade do "sair de Deus" no mundo, tanto no tempo passado quanto no contemporâneo – podemos dizer, uma impaciência escatológica de Deus para o resgate da criação.

3.1.2 "Missionária"

A palavra *missionária* aponta diretamente para a segunda vertente que é a Igreja, que contempla, a princípio, a dimensão do propósito da existência. A Igreja nasceu em saída e continua a existir para sair, e essa predisposição é denominada *natureza missionária da Igreja*. Essa compreensão constitui uma revolução no próprio conceito de Igreja, que procede da *Missio Dei*. Não é mais aquela que somente envia missionários em qualidade de "missionantes", mas também é ela própria enviada como "missionária". Significa que seu envio não é consequência, mas essência.

Nesse envio, a Igreja edifica a ordem da missão; não a missão que procede da Igreja, mas de Deus. A atividade missionária não é tanto uma ação da Igreja, mas é simplesmente a Igreja em ação. Nesse caso, o **ser** e o **fazer** da Igreja se fundem e se tornam uma unidade ao mesmo tempo. Ou, citando Moltmann, Raschietti afirma (2011, p. 26): "não é uma igreja que 'tem' uma missão, mas ao contrário, é na missão de Cristo que se cria uma Igreja. Não é uma missão que deve ser compreendida a partir da Igreja, mas o contrário". Nisso se define a própria identidade dela.

3.1.3 Natureza missionária da Igreja

Ao juntarmos as duas vertentes – "natureza" e "missionária" – em uma só "natureza missionária", apontamos ao mesmo tempo o fazer e o ser da Igreja. O Concílio Vaticano II definiu a Igreja como "Povo de Deus", e, no interior dela, encontra-se a natureza missionária. A missão sempre é compreendida como a missão de uma comunidade eclesial ou povo de Deus em defesa do bem-estar da vida de todos os povos. A inspiração dela vem do próprio Deus, envolvendo não somente sua imagem abstrata, mas de Deus Emanuel, que encarnou e viveu como nós.

A missão é histórica, pois tem a herança do passado, a experiência do presente e a visão do futuro. Nesse sentido, compreende-se a natureza missionária da Igreja segundo aponta *Diretrizes Gerais da Ação Evangelizadora da Igreja no Brasil*: "ela [missão] mesma se edifica como Igreja de Deus, quando coloca como centro de suas preocupações não a si mesma, mas o Reino que ela anuncia como libertação de todos, para que vivam em plena comunhão entre si e com Deus" (CNBB, 1995, n. 54).

Como vimos, o entendimento do termo *natureza* é a forma pela qual captamos o essencial. A partir da fé, os cristãos compreendem o mundo, a razão e os sentidos acompanham e sustêm a fé. Conforme aponta Suess (2008, p. 151),

> mas a fé nos adverte também que o mundo, a natureza e a humanidade são envolvidos numa "queda" ou "quebra" da racionalidade original; são marcados pelo pecado que não permite mais, sem os esclarecimentos da Revelação, considerar o natural ("a natureza") simplesmente como bom, racional e ético. Toda a criação está atravessada pela rachadura do "pecado original".

Natureza missionária é a segunda natureza dos batizados, recriada pela redenção realizada por Jesus. Os cristãos, como povo de Deus, participam dela com o apelo de Jesus, que enviou seus discípulos como missionários a cada canto do mundo. Por serem batizados, os cristãos receberam a vocação de fazer toda a humanidade participar dessa nova natureza. Entende-se que a redenção é um dom estendido para os outros, portanto a natureza missionária nada mais é do que uma doação que envolve o ser, o dever e o fazer do cristão.

Dentro dessa dimensão da natureza missionária, percebemos que a Igreja tem a responsabilidade de chamar, convocar e enviar os missionários como testemunhas do Reino. A partir do envio, ela cria uma rede de solidariedade, e assim nascem as comunidades pascais para voltar aos tempos de origem da criação; no interior delas, como aponta Suess (2007, p. 17), "nasce o envio à missão, com seus dois movimentos, a diástole, o envio à periferia do mundo, e a sístole, que convoca, a partir dessa periferia, para a libertação do centro, que é o coração da Igreja. Sob a senha do Reino propõe um mundo sem periferia e sem centro"[1].

3.2 Missão como projeto da Santíssima Trindade

A discussão sobre a Santíssima Trindade não era a maior preocupação dos cristãos primitivos; eles buscavam os caminhos de evangelização apresentados por Jesus e seus discípulos. A discussão teológica e dogmática a respeito da Santíssima Trindade começou depois de três séculos de martírio e na clandestinidade dos cristãos, a partir do Édito de Milão (313) chamado *Édito de Tolerância*, que reconheceu o cristianismo, no interior do Império Romano, como uma religião entre

---

1 Os termos *diástole* e *sístole* partem do sistema do coração que abastece o corpo físico, bombeando o sangue, e mantendo o corpo saudável, ao mesmo tempo que cada parte do corpo elabora suas atividades específicas e tentam manter o sistema funcionando. Essa percepção é estendida para a missão tentando aplicar o conceito do Reino de Deus.

outras. Após esse evento, o cristianismo acumulou diversos privilégios: assumiu o lugar do poder; introduziu o domingo cristão no calendário do Império (321); o imperador romano recebeu o título de *Pontifex Maximus* (375) e, logo em seguida, os papas assumiram o de sumos pontífices – que continua até os dias de hoje.

No interior desse progresso da Igreja como religião oficial do Império Romano, apareceram as dificuldades internas nas igrejas locais a respeito da interpretação da Palavra de Deus e também da compreensão da Santíssima Trindade. Ao longo da história, tanto na doutrina dogmática como na teologia missiológica, foi desenvolvida a ideia da atuação de Deus como Uno e Trino ou Santíssima Trindade.

A missão como projeto da Santíssima Trindade é o resultado de uma longa evolução e discussão em torno desse dogma, que pode ser resumido com as palavras de João: "Deus é amor" (1Jo 4,8). O amor não se contenta consigo mesmo: transborda na pessoa do Filho e no Espírito Santo, em missão, para anunciar a boa nova a toda a humanidade. O transbordar histórico da Trindade Imanente foi chamado de *Trindade histórico-salvífica*, que configura a missão de Deus (*Missio Dei*). De alguma forma, o próprio Deus se autoenvia pela missão do Filho e do Espírito, por meio dos quais o próprio Pai se revela como amor (cf. Jo 14,9).[2] Como a humanidade é criada à imagem de Deus e chamada para compartilhar na plenitude divina, a finalidade da ação de Deus não é que homens e mulheres sejam tomados como indivíduos, mas um pouco como Deus em seu mistério mais profundo, pois eles também são formados em uma comunidade, um povo, um "ícone" da Trindade. Deus é uma comunidade do Pai, Filho e Espírito, constantemente envolvida no mundo; salvação e plenitude humana é a vida

---

2 Veja SUESS, P. Missão como caminho, encontro, partilha e envio. Perspectiva, Desafios e Projetos. In: CONGRESSO MISSIONÁRIO NACIONAL, 1., Belo Horizonte, 17-20 jul. 2003. **Anais**... Brasília: POM, 2003. p. 54-55.

vivida numa comunidade, que reflete a comunidade que se doa, que é Deus (Bevans; Schroeder, 2011, p. 287).

3.2.1 O mistério trinitário Missio Dei

A tradição cristã sempre reconheceu que Deus não é estático, tanto que São Tomás de Aquino afirmou em sua coletânea de teses, a *Summa Teologiae*, que Deus é um ato puro. A construção da ideia de Santíssima Trindade serve para afirmar que, em sua profunda identidade, Deus é uma relação, uma comunhão. Citando Leonardo Boff, os missiólogos Bevans e Schroeder (2016, p. 26) afirmam que "no início mais remoto a comunhão prevalecia. Essa vida em comunhão se revela na criação, na cura e na santificação, chamando toda a criação, de acordo com sua capacidade, para si, ordenando que esta criação siga adiante e reúna ainda mais pessoas nesse movimento".

Encontramos diversas imagens para ilustrar o mistério do Deus Uno e Trino. O teólogo alemão Gisbert Greshake (citado por Gnata, 2015) aponta a importância do número três.

> O número "três" opõe-se ao número "um". "Um" significa a solidão, sendo fechado em si mesmo. O número "três" opõe-se, também, ao número "dois". O número "2" significa separação e exclusão (eu não sou você!), ou narcisismo (você é para mim). [Portanto], o número "três" supera a solidão e o fechamento em si mesmo, bem como a separação/exclusão e qualquer forma de narcisismo, vinculando os dois juntos em comunhão. Dessa forma, unidade e diversidade compõem a unidade da comunhão. Tal comunhão é o Deus Uno e Trino.

Essa misteriosa relação entre as três pessoas divinas deu origem à compreensão de que Deus é relação – missão é relação.

As primeiras lutas doutrinárias em relação à Santíssima Trindade – as quais foram relevantes para a missão – se formaram em torno da encarnação, nos primeiros Concílios como o de Niceia (325), de Constantinopla (381) e de Calcedônia (451). Conforme aponta Suess (2007, p. 49):

> As respostas eclesiais às perguntas: "Quem é Deus?", "Quem é Jesus Cristo?" e "Quem é o Espírito Santo?" estavam e estão interligadas. É crucial para o anúncio, para a motivação, para a finalidade e para a relevância da missão. Portanto, a reflexão sobre a missão há de começar sempre com as duas perguntas "Quem é Deus?" e "Celebramos e assumimos esse Deus?".
>
> Encontramos certo entrelaçamento (entre teologia e eclesiologia) dos questionamentos e das respostas sobre Deus Uno e Trino, os quais são apenas aproximações, e as nossas definições são afirmações analógicas sobre um mistério inesgotável entre criador e criatura. Afirma o IV Concílio do Latrão (1215): a dessemelhança é sempre maior do que a semelhança.

3.2.2 Deus como fonte da missão

A missão está intimamente ligada a Deus; portanto, falar de Deus, a princípio, é falar da missão. Ela tem origem na iniciativa do amor de Deus, Uno e Trino. O conceito *Missio Dei* se pronuncia sobre o amor gratuito e sobre a presença não manipulável de Deus no mundo. Tudo parte da ideia que vimos anteriormente – começa com a afirmação de São João: "Deus é amor" (1Jo 4,8). Entende-se que, como sinaliza Suess (2007, p. 50), "se Deus é 'amor', Ele não pode ser 'solidão cerrada'. Dizer 'Deus é amor' significa dizer 'Deus é relação'. 'Transbordar', 'comunicar' e 'relacionar' são características do amor, independentemente de uma finalidade posterior".

O amor de Deus é gratuito, mas não contingente, pois busca a face da criatura, na situação histórica e concreta da humanidade pecadora e caída, mas que procura certa reorientação. O amor d'Ele tem um desdobramento direcionado a reverter a desintegração da humanidade causada pelo pecado e, por conseguinte, a reintegrar a humanidade na vida plena que é o Reino, numa perspectiva histórica e escatológica. Utilizando uma linguagem mais clara e objetiva, Tonete (2017, p. 14) afirma que:

> por meio das ações e "falas de Deus", Ele está presente no meio do povo e "visita a terra constantemente", é muito próximo. Desde o início da sua criação, Ele vem até suas criaturas e se importa com elas. Ora ele desce para corrigir, ora para ensinar, mas, sobretudo, para libertar e para relacionar-se com seu povo. O Deus bíblico é um Deus que expressa sentimentos, tem sentidos, com olhos, ouvidos, boca e pernas, por isso pode descer.

Assim, percebemos que Deus desce, com objetivo claro e concreto, que afirmamos como *Missio Dei*, ou saída de Deus para um encontro com a humanidade. Segundo ressalta o Decreto *Ad Gentes* (n. 2), Deus Pai se apresenta como uma fonte vivificante do amor, que livremente cria o mundo e chama a humanidade, em particular, para compartilhar na plenitude da vida divina. Ele age assim, generosamente, despejando a bondade divina na história (AG, n. 3) e nunca deixa de fazê-lo; é como a história que sempre contínua (AG, n. 4). A missão de Deus, sempre vista como *Missio Dei*, aponta para a preocupação d'Ele com a humanidade e marca sua presença por meio do *logos* que é Jesus Cristo.

3.2.3 Filho, missionário enviado do Pai

A missão é a atividade de Deus – a do Verbo (*logos*), que se fez carne na pessoa de Jesus de Nazaré, marcando presença na história. Entendemos essa descida como encarnação do próprio Filho de Deus no seio da Virgem Maria. Como destacam Bevans e Schroeder (2011, p. 287):

> O envolvimento de Deus na história tornou-se concreto em Jesus de Nazaré. Através dele, Deus é revelado, não como interferência na vida humana e limitando a liberdade humana, mas como um chamamento de pessoas para a vida maior e mais abundante. Como verdadeiramente divina e verdadeiramente humana.

O Decreto *Ad Gentes* (n. 3) também aponta que:

> Jesus Cristo foi enviando ao mundo como verdadeiro mediador entre Deus e os homens [...] cheio de graça e verdade (Jo 1,14), é feito chefe da nova humanidade. Com o fim de tornar os homens participantes da natureza divina, o Filho de Deus fez-se verdadeiro homem. Mais, Ele que era rico tornou-se pobre por nós, para que, por Sua pobreza nos enriquecêssemos. O Filho do Homem não veio para ser servido, mas para servir e dar a vida em redenção por muitos, isto é, por todos.

A missão do Filho é nada mais do que resgatar a dignidade da humanidade, assumindo as nossas dores, nossos limites e por fim revelar o Pai e levar a humanidade à plenitude d'Ele. A passagem bíblica aponta que a encarnação se tornou o caminho pelo qual temos acesso a Deus: "Eu sou o Caminho, a Verdade e a Vida. Ninguém vai ao pai senão por mim" (Jo 14,6). Dessa forma, estabelece uma relação entre o divino e o humano. Podemos entender a percepção de Tonete (2017, p. 47):

> O verbo encarnado é a autêntica e plena revelação de Deus, e sua história se apresenta como verdadeira história de Deus habitando entre a humanidade, como o Senhor da história. [...]. A novidade da revelação bíblica consiste no fato de Deus se dar a conhecer no diálogo que deseja ter conosco. A Constituição Dei Verbum tinha exposto esta realidade, reconhecendo que Deus invisível na riqueza do seu amor fala aos homens como a amigos e convive com eles, para os convidar e admitir à comunhão com ele.

Assim, a missão do Filho é marcar a presença divina – Emanuel – Deus conosco, vivendo como nós e caminhando com o povo de Deus.

3.2.4 Espírito Santo, protagonista da missão

A missão do Espírito Santo é para que todos possam ser profetas (At 2,18), para gerar a comunhão, para dar coragem às pessoas no seguimento de Jesus, como aconteceu no caso do apóstolo São Paulo, para dar coragem no martírio, como aconteceu no caso de Estêvão. O Espírito Santo esteve presente em todos os momentos da história, tanto no Antigo quanto no Novo Testamento. Se a bibliografia de Jesus são os evangelhos, a do Espírito Santo é toda a Bíblia, desde o Espírito Santo que se move sobre as águas no começo do Gênesis (Gn 1,2) até o Espírito e a Esposa que convidam o Esposo para a última vinda na conclusão do Apocalipse.

A partir do sopro, o Espírito Santo inspirou as Escrituras. Encontramos em distintas etapas da história bíblica as referências feitas a Ele: "O Espírito de Deus pairava sobre as águas" (Gn 1,2), "Envias teu sopro e eles são criados, e assim renovas a face da terra" (Sl 104,30), "O Espírito do Senhor fez o firmamento" (Gn 1,6), "o Espírito do Senhor de repente arrebatou Filipe" (At 8,39). Com isso percebemos a participação do Espírito Santo na criação. Toda a beleza da criação pode ser atribuída aos planos do Espírito Santo.

Encontramos diversos momentos nos textos do Novo Testamento que explicitam a atividade missionária do Espírito Santo. Maria concebeu seu filho Jesus, Palavra de Deus, redentora do mundo, pela força do Espírito Santo. E esse mesmo Espírito está no início da missão de Jesus de Nazaré. Nele, o filho do carpinteiro de Nazaré foi "Filho bem-amado" de Deus, por ocasião de seu batismo no Jordão (Lc 3,22). Nele foi ungido Messias e fez o discernimento decisivo de sua vida sobre a finalidade de sua missão, citando o livro do profeta Isaías: "O Espírito do Senhor está sobre mim, porque ele me consagrou com a unção, para anunciar a boa notícia aos pobres, enviou-me para proclamar a libertação aos presos e, aos cegos, a recuperação da vista; para libertar os oprimidos e para proclamar um ano da graça do Senhor" (Lc 4,18-19). Na festa de Pentecostes, com a presença do Espírito Santo simbolicamente "em falar em outras línguas" (At 2,4), a Igreja iniciou a sua missão, com a inspiração que vem "da força do alto" (Lc 24,49). Crer no Espírito Santo significa, como afirma o Credo de Constantinopla (381), "crer no Senhor que dá a vida" (Lopes, 2014, p. 58).

Podemos perceber que a missão do Espírito Santo é completar a obra de Cristo "a fim de que, interiormente, operasse sua obra e propagasse a Igreja" (AG, n. 4); em outras palavras, dar continuidade ao projeto do Pai e do Filho, desde os tempos antigos até os nossos tempos. Como afirma Tonete (2017, p. 79):

> O Espírito não conduziu a Igreja somente no passado, mas ele está conduzindo hoje por meio da realidade do povo, da Palavra de Deus, de líderes como o Papa Francisco, que pede para que sejamos "uma Igreja em constante saída"; que estejamos atentos à descida do Espírito até nós, pois ele desce dentro, mas também fora da igreja, desce e sobe onde quer (cf Jo 3,8).

Assim percebemos que a presença de Deus no mundo, por meio de Jesus Cristo e do Espírito Santo, não deve ser compreendida como deslocamento ou parcelamento de Deus. Deus Uno e Trino está em todos os momentos, tanto na pessoa de Jesus como na do Espírito Santo. A relação entre o Deus Uno e Trino é a forma utilizada para marcar a presença divina na humanidade em todos os contextos.

3.3 A Igreja e sua missionariedade

Conforme os números 766 e 767 do Catecismo da Igreja Católica, a Igreja nasce do sacrifício de Cristo na Cruz e se manifesta em Pentecostes. Nesse evento de Pentecostes, aconteceram a convocação e o envio missionário dos discípulos, depois do encontro com o Ressuscitado, e também com a descida do Espírito Santo em forma de línguas de fogo. O Senhor Jesus, desde o início, chamou a Si os que ele quis e fez os doze ficarem com Ele, para enviá-los a pregar (AG, n. 5). A passagem de Mateus em que Jesus envia os apóstolos a todo o mundo dizendo-lhes "Ide, pois, fazei discípulos meus todos os povos, batizando-os em nome do Pai e do Filho e do Espírito Santo, ensinando-os a observar tudo quanto vos mandei" (Mt 28,19s) nos faz perceber que a missão da Igreja se inicia nesse mandato de Jesus, com o dever de propagar a fé e a salvação de Cristo.

Os doze foram escolhidos e vieram a ser conhecidos como seguidores de Jesus, chamando-o como Messias, o libertador de Israel. A perseguição por parte da classe dominadora de Israel e a eventual morte do fundador na cruz criaram uma profunda decepção. Todavia, a surpreendente ressurreição, no terceiro dia de sua morte, deu impulso adequado aos apóstolos, que acabaram se organizando, formulando e partilhando a experiência da vida, morte e ressurreição de Jesus na sociedade. A partir disso, parece ter se dado o nascimento real do cristianismo – e, consequentemente, da Igreja.

Nessa época, a Judeia se encontrava sob o jugo de Roma, portanto as revoltas eram constantes contra a dominação estrangeira e resultaram numa subjugação definitiva pelos romanos, no ano 70 d.C., com a destruição do templo de Jerusalém. Ao permanecer na cidade de Antioquia, que era o centro do comércio, os judeus expulsos de Jerusalém – especialmente os seguidores de Jesus – organizaram a comunidade cristã com intuito de expandir os ensinamentos d'Eles com compromisso missionário. Assim nasceu a Igreja e com ela a missionariedade da comunidade primitiva com o compromisso missionário.

A missão emerge de uma comunidade de Antioquia, expande-se e aponta para a convocação e o envio de comunidades missionárias. A Igreja é instrumento do plano salvífico de Deus, existe na missão; como o Vaticano II salienta, ela "é, por sua natureza, missionária" (AG, n. 2), mas não é a origem nem a finalidade da missão. O objetivo da missão é acolher e construir o Reino de Deus. Portanto, a Igreja tem a tarefa de convocar e articular a diversidade de indivíduos e entrelaçar a multiplicidade de projetos culturais de vida com o projeto maior que é o de Deus. Ela não é o Reino, mas aponta na sua direção. Essa articulação da diversidade, que é uma característica da Igreja desde o primeiro Pentecostes, visa à unidade no Espírito Santo. Assim a Igreja se torna verdadeiramente missionária por natureza e é chamada para partilhar e continuar a missão de Deus. Como afirma Bevans (2016, p. 23):

> Missão não é apenas uma coisa entre as várias que a Igreja tinha sido chamada para fazer no mundo. Ela é a fundação de seu próprio ser. Toda a atividade da Igreja – suas "missões" – se baseia em uma única missão de Deus, ativa desde o primeiro momento da criação, ativa na história de Israel, ativa em Jesus, agora ativa e formativa em sua própria vida. Como diz o ditado, a Igreja não tem uma missão. A missão – de Deus – tem uma igreja.

3.3.1 Missionariedade nas origens da Igreja

A missionariedade da Igreja encontra-se na afirmação do Concílio Vaticano II, segundo a qual a "atividade missionária relaciona-se também com a própria natureza humana e suas aspirações. Pelo próprio fato de prestar testemunho a Cristo, a Igreja revela aos homens a verdade de sua condição e de sua vocação integral" (AG, n. 8). Isso clarifica a fonte da origem da missão da Igreja como missão do Filho e do Espírito Santo; e a missão era o envio do Filho como mediador entre o Criador e a criação. Como diz Gabriel Afagbegee (2016, p. 33): "A missionariedade da Igreja surge na missão do Filho e no Espírito Santo. Isto faz a Igreja, em Cristo, um sacramento – um sinal e instrumento, que é a comunhão com Deus e a unidade entre todos os povos".

O início da Igreja como saída desde a Antioquia e Jerusalém desencadeou a missão itinerante. Jesus pregou na língua aramaica, ao passo que o apostolado de Paulo foi na língua grega, a qual de fato ajudou a elaborar e expandir a missão no mundo helenista. Ao longo dos anos desenvolveram-se os fundamentos teológicos a partir da visão e pensamento grego.

Assim, podemos observar o surgimento de diversos vertentes na difusão da tradição cristã. Mas também é interessante notar que os caminhos escolhidos sempre foram os do comércio de produtos diferentes. O Extremo Oriente, como Índia e China, era buscado pelas especiarias e seda; o norte de África, pelo açafrão; a Ásia Menor, pelas frutas e bebidas destiladas; e a Europa se constituía no lugar de compra.

Dois aspectos da missão podem ser observados. O primeiro é de São Paulo, que fala dos cristãos se tornando filhos e filhas adotivos de Deus. Os cristãos não são mais escravos, mas filhos, pois o Espírito clama no nosso coração "Abba Pai" (Rm 8,15). São Paulo também apresenta essa imagem na Carta aos Gálatas, dizendo que ele é crucificado em Cristo e agora "eu vivo, não mais eu, mas é Cristo que vive em mim" (Gl 2,20).

O segundo aspecto é o de João, que atesta a aproximação e também a identificação dos cristãos com o Messias e seu trabalho: a imagem joanina de Jesus como "videira", e os discípulos como "ramos" que podem dar frutos, permanecendo fiéis a Ele (Jo 15,1-10). Então, a imagem paulina como "corpo de Deus" e a joanina como ramos da videira determinam a sacramentalidade e a missionariedade da Igreja.

3.3.2 Aspectos teológicos da missão da Igreja

A atividade missionária é – nada mais, nada menos – a manifestação ou epifania do plano divino e o seu cumprimento no mundo e em sua história. É nela que Deus realiza publicamente a história da salvação pela missão (AG, n. 9). A missão não é simplesmente um trabalho entre outros nos quais a Igreja deve se engajar; trata-se do princípio, do propósito, da estrutura e da vida dela. Nesse sentido, é bom acompanhar o raciocínio de Bevans e Schroeder (2011, p. 290) quando dizem:

> A doutrina clássica da Missio Dei como Deus, o Pai enviou o Filho e Deus Pai e o Filho enviando o Espírito foi expandido para incluir ainda mais um "movimento": Pai, Filho e Espírito Santo, enviando a Igreja no mundo. [...]. Nossa missão não tem vida própria: mas somente nas mãos de Deus a enviar pode ser verdadeiramente chamada de missão, não é menos importante, pois a iniciativa missionária vem somente de Deus.

A missionariedade da Igreja revela que ela nasceu da missão, continua na missão e tem a missão de Cristo para proclamar e estabelecer o Reino de Deus como sua razão de ser. Se nós somos a Igreja, quer dizer, os batizados, devemos participar ativamente no processo da evangelização para que a Igreja seja realmente missionária. Os batizados devem realizar o sonho do Papa Francisco, que afirma na *Evangelii Gaudium*: "Sonho com uma opção missionária, capaz de transformar tudo, para que os costumes, os estilos, os horários, a linguagem e toda a estrutura eclesial se tornem um canal, proporcionando mais à evangelização do mundo atual que à autopreservação" (EG, n. 27). Assim, a Igreja, o povo de Deus, todos batizados são chamados a embarcar nessa atividade missionária para transformar o mundo e a própria Igreja.

A tradição cristã, seja na bíblica, seja na sabedoria teológica dos padres do deserto, parece sugerir certo tipo de cooperação entre *Missio Dei* e *Missio Ecclesiae*. A Igreja tem origem na missão do Filho e na do Espírito Santo, de acordo com o desejo eterno do Pai. Por meio do batismo e da constante participação na eucaristia, os cristãos tomam parte na teologia da missão; assim, continuamente são conformados com a natureza missionária do Deus Uno e Trino.

Participar na missão de Deus significa estabelecer a parceria com Ele. Essa é a graça e o mistério da missão. Essa graça e o mistério de Deus fazem a Igreja de fato "missionária por natureza". Quanto mais participamos nas atividades dela, tanto mais nos envolvemos na missão de Deus; é nisso que encontramos a íntima relação entre a missão de Deus e a da Igreja.

Síntese

Buscamos abordar neste capítulo a íntima relação entre os conceitos *Missio Dei* e *Missio Ecclesiae* – a relação entre missão de Deus e missão da Igreja. Ao longo do nosso estudo mostramos a dimensão da missionariedade da Igreja, ao afirmar: "A Igreja peregrina é missionária por natureza, porque tem sua origem na missão do Filho e do Espírito Santo, segundo o desígnio do Pai" (AG, n. 2). Essa declaração do Decreto *Ad Gentes*, do Concílio Vaticano II, representou uma grande revolução na compreensão do conceito de missão. Para tal propósito, destacamos dois conceitos – "natureza" e "missionária" – que constroem a dimensão da natureza missionária da Igreja.

Compreendemos a missão como projeto da Trindade, decifrando o papel de cada um no processo do desenvolvimento da missão. Por fim, abordamos a dimensão sobre a Igreja e sua responsabilidade de dar continuidade à missão nos tempos atuais.

Indicação cultural

INTRODUÇÃO à missiologia. Disponível em: <https://www.youtube.com/watch?v=uixNOJHITXI>. Acesso em: 26 nov. 2018. O vídeo aborda o contexto geral da missiologia, principalmente o do apóstolo Paulo e sua atividade missionária até chegar a Roma. Além disso, trata também da missão dos outros apóstolos no período do nascimento da Igreja.

Atividades de autoavaliação

1. Conforme o que foi estudado neste capítulo, é correto afirmar que a missão pode ser entendida como:
   a) *Missio Dei* – missão de Deus – e *Missio Ecclesiae* – missão da Igreja.
   b) *Missio Dei* – missão de Deus; a Igreja não sabe a origem da missão.
   c) *Missio Ecclesiae* – missão da Igreja e não de Deus.
   d) *Missio Dei* – missão de Deus – e *Missio Gentes* – missão do povo.

2. A missão é o projeto da Santíssima Trindade, Deus Uno e Trino. Portanto, é correto dizer que:
   a) as três pessoas de Santíssima Trindade são o Pai, o Filho e a Mãe.
   b) as três pessoas de Santíssima Trindade são o Pai, o Filho e a Filha.

c) as três pessoas de Santíssima Trindade são o Pai, o Filho e o Espírito Santo.
d) as três pessoas de Santíssima Trindade são o Pai, o Filho e o Avô.

3. Sobre a destruição do templo de Jerusalém e o nascimento da Igreja, assinale a alternativa correta:
   a) O templo foi destruído no ano 85 a.C., e a Igreja nasceu em Antioquia no ano 70 d.C.
   b) O templo foi destruído no ano 70 d.C., e a Igreja nasceu em Antioquia no ano 65 d.C.
   c) O templo foi destruído no ano 70 d.C., e a Igreja nasceu em Antioquia no ano 85 d.C.
   d) O templo foi destruído no ano 70 d.C., e a Igreja nasceu em Antioquia no ano 100 d.C.

4. Com base no que foi estudado neste capítulo sobre a Santíssima Trindade, analise as afirmações a seguir e marque V para a(s) verdadeira(s) e F para a(s) falsa(s):
   ( ) Deus como protagonista da missão; o Espírito Santo como fonte da missão; o Filho como verdade da missão.
   ( ) Deus Pai como fonte da missão; o Filho como superior da missão; o Espírito Santo como inferior da missão.
   ( ) Somente Jesus como fonte, enviado e protagonista da missão.
   ( ) Deus Pai como fonte da missão; o Filho como missionário enviado do Pai; o Espírito Santo como protagonista da missão.

   Assinale a alternativa que apresenta a sequência correta:
   a) V, F, F, F.
   b) F, V, V, F.
   c) V, F, V, F.
   d) F, F, F, V.

5. Sobre o fato de a missão ser a atividade de Deus, assinale a alternativa correta:
   a) O Verbo se fez carne na pessoa de Jesus de Nazaré, assim Deus tentou marcar sua presença no céu.
   b) O Verbo se fez carne na pessoa de Jesus de Nazaré, assim Deus tentou marcar sua presença na história.
   c) O Verbo se fez carne na pessoa de Jesus de Nazaré, assim Deus tentou marcar sua presença na Ásia e na África.
   d) O Verbo se fez carne na pessoa do Espírito Santo, assim Deus tentou marcar sua presença na história.

Atividades de aprendizagem

Questões para reflexão

1. A missiologia deve apresentar suas preocupações em relação ao bem-estar do ser humano e sua relação com a natureza. Pelo fato de a missão ser de Deus, e nós, colaboradores dela, temos a responsabilidade para com a humanidade. Em suas Campanhas da Fraternidade, a CNBB apresentou os temas relacionados a essa preocupação como, por exemplo, a proteção da casa comum que é o nosso planeta (2017).

   Leia com atenção o trecho a seguir.

   > A atividade missionária é – nada mais, nada menos – a manifestação ou epifania do plano divino e o seu cumprimento no mundo e em sua história. É nela que Deus realiza publicamente a história da salvação pela missão (AG, n. 9). A missão não é simplesmente um trabalho entre outros nos quais a Igreja deve se engajar; ela pertence ao princípio, ao propósito, à estrutura e à vida da Igreja.

Com base no exposto, responda:

- Como você pode ajudar a preservar a natureza na sua realidade como estudante? Como essa iniciativa poderia vir a se tornar sua missão?
- Quais são os elementos que criam obstáculos para fazer sua missão na atualidade?

2. Como vimos neste capítulo, a missão não se constitui apenas em uma tarefa entre outras nas quais a Igreja deve se engajar. É, acima de tudo, o princípio, o propósito, a estrutura e a vida dela. Você concorda com essa afirmação? Reflita a respeito do modo pelo qual a Igreja enxerga a missão hoje: um trabalho a mais ou a própria essência dela?

Atividades aplicadas: prática

1. Leia com atenção o trecho a seguir:

> Missão não é apenas uma coisa entre as várias que a Igreja tinha sido chamada para fazer no mundo. Ela é a fundação de seu próprio ser. Toda a atividade da Igreja – suas 'missões' – se baseia em uma única missão de Deus, ativa desde o primeiro momento da criação, ativa na história de Israel, ativa em Jesus, agora ativa e formativa em sua própria vida. Como diz o ditado, a Igreja não tem uma missão. A missão – de Deus – tem uma igreja. (Bevans; Schroeder, 2016, p. 23)

Com base na análise do texto elabore uma carta às autoridades, tanto da Igreja como do país, recomendando que elas se preocupem com a nossa casa comum – que seria a missão de todos.

2. Concretize essa missão fazendo um gesto concreto, como a plantação de algumas mudas de árvores de algum local público para criar consciência da responsabilidade com o meio ambiente.

4
Modelos históricos da missão: o caminho da missão até o Concílio Vaticano II

Nosso objetivo neste capítulo é trilhar o caminho da missão ao longo dos tempos históricos. Tal trajetória teve os próprios contornos, por vezes em razão da necessidade do processo de adaptação, outras em virtude dos contextos históricos forçados. O que é interessante notar é que a Igreja nunca parou de realizar sua missão. Como o imaginário dos orientais apresenta o rio, que vira e gira conforme a região na sua jornada ao mar – mas sempre ajuda e é ajudado conforme a região geográfica de algumas áreas férteis para agricultura e outras áreas propícias para o comércio –, também a Igreja forma e é formada pelos contornos culturais e históricos.

Com base nessa visão, faremos um resgate do caminho histórico da missão na Igreja até o Concílio Vaticano II. Para que você possa compreender melhor esse processo, vamos dividi-lo em seis etapas distintas: 1) Missão na Igreja primitiva; 2) Missão e movimento monástico; 3) Missão e movimento mendicante; 4) Missão nos tempos de descobrimentos; 5) Missão nos tempos de progresso; e 6) Missão no século XX[1] (Bevans; Schroeder, 2011). Desse modo, mostraremos o que significou a missão nos períodos sucessivos da história até o século XX e os tempos atuais.

Essas etapas, como afirma Bosch (2002, p. 228), "a partir de seus próprios contextos, debateram-se com a questão: o que é a fé cristã e, por implicação, o que a missão cristã significava para eles. É supérfluo dizer que todos acreditavam e sustentavam que sua compreensão da fé e da missão da Igreja era fiel ao intento divino". É a forma de perceber como a Igreja interpretou e desenvolveu a missão ao longo dos séculos. No modelo histórico, ou antigo, da missão, apresentaremos essas seis etapas até chegar ao Concílio Vaticano II, que deu um novo rumo à atividade missionária da Igreja. Sobre os apontamentos do Concílio do Vaticano II, iremos abordar a respeito e numa forma detalhada no próximo capítulo.

4.1 Resgates históricos

O caminho da missão tem uma história de dois mil anos, iniciando-se especificamente com os primeiros cristãos, os quais se organizaram,

---

1 Existe outra maneira de analisar essas seis etapas. David Bosch, por exemplo, as apresenta de forma peculiar, chamando-as de *paradigmas*. Na sua análise, ele segue o caminho histórico-teológico elaborado por Hans Kung e assim enquadra toda a história do cristianismo nesses paradigmas. (cf. BOSCH, D. **Transforming Mission**: Paradigms shifts in Theology of Mission. Maryknoll: Orbis Books, 1991, p. 227-228).

depois da separação, anunciada no ano 85 d.C., no Concílio de Jamnia, em Antioquia, entre os judeus tradicionais e os judeus seguidores de Jesus, resultando no nascimento oficial da Eclésia.[2] Sem encontrar nenhuma possibilidade de se estabelecerem no lugar de origem devido à perseguição dos judeus tradicionais, os seguidores de Jesus – que, ainda que fossem judeus, foram chamados de *cristãos* – partiram em quatro rumos diversos, como apresenta Andrade (2017, p. 81):

> O primeiro para Roma, caminho escolhido por Pedro e Paulo; o segundo caminho escolhido pela maioria dos apóstolos foi rumo à Ásia Menor e, posteriormente, ao leste europeu e à Rússia; o terceiro foi em direção ao norte da África, o mundo mediterrâneo, chegando até o Marrocos e, mais tarde, ocupando Portugal e Espanha. E, por fim, o caminho do extremo Oriente, escolhido por São Tomé e Bartolomeu.

Nessa tentativa de buscar meios, caminhos e lugares para a pregação, os primeiros cristãos descobriram o seu espírito missionário. Na história, observamos que a missão da Igreja passou por mudanças também na maneira de aproximar os contextos da missão, conforme os tempos e lugares. Bevans e Schroeder (2011, p. 73) assim sinalizam: "A história da missão, os movimentos da cultura e da história da teologia se cruzam, e, dependendo da maneira que eles se cruzam, vários modelos de missão podem ser apresentados".

---

2 Alguns missiólogos, como Karl Rahner, ressaltam o profundo desdobramento teológico realizado pelos seguidores de Jesus no Conselho de Jerusalém (49 d.C.), em que o cristianismo passou de uma simples seita judaica a uma religião greco-romana dos gentios (Bevans; Schroeder, 2011 p. 74). Isso deu início ao princípio que inspirou São Paulo a tomar a atitude de sair de Jerusalém rumo a Roma. O que deve ser notado é que o Templo de Jerusalém ainda estava intacto, mesmo havendo tumulto na região contra Roma. A comunidade cristã tomou atitude como comunidade para sair somente depois da experiência e vivência na diáspora, em torno de 15 anos após a destruição do Templo, especificamente em Antioquia da Síria. O conflito entre os judeus tradicionais e os judeus seguidores de Jesus causou a separação entre os dois grupos, dando a origem ao termo que hoje é popularmente conhecido como Igreja em saída.

4.2 Missão nos primeiros três séculos (100-301)[3]

O período apostólico, que podemos afirmar ter sido o da infância da missão cristã, era de muito vigor, em que o cristianismo parece ter crescido rapidamente na Ásia Menor e também na região oriental do Império Romano. Foi uma passagem do mundo hebreu ao mundo grego-romano. Como naquela época havia diversas comunidades judaicas em diáspora, os cristãos se beneficiaram para sair e se estabelecer em novos lugares da missão. É interessante notar que a missão sempre seguiu as rotas comerciais, atravessando as culturas chegando até à distante Índia.

Sabemos que nos primeiros três séculos o cristianismo estava na sombra do Império Romano, e a situação política teve forte influência na organização do cristianismo primitivo. Podemos identificar dupla vantagem em relação à difusão da doutrina cristã.

> Por um lado, a boa notícia viajou rapidamente, porque a Pax Romana forneceu uma situação de relativa estabilidade e paz, uma excelente rede de estradas e do comércio; e a língua do comércio e da comunicação era o grego, pelo menos entre pessoas educadas. Por outro lado, embora tenha tido muitas vezes tolerância religiosa básica, este período foi marcado pela perseguição aos cristãos. (Bevans; Schroeder, 2011, p. 80)

Esse período era o do martírio e da clandestinidade; a vida dos cristãos se reduzia aos ambientes das casas e, especificamente, às catacumbas, em Roma, ou às periferias das grandes cidades. Podemos afirmar que a missão era de sobrevivência em face das grandes perseguições,

---

3 Apresentamos a conclusão do período no ano 301, pois precisamente nesse ano a Armênia oficialmente se declarou como país cristão, pouco tempo antes da conversão do Constantino, o imperador de Roma.

portanto a vida de testemunho e elaboração da espiritualidade recebeu o foco principal da difusão da boa nova. Assim, observamos que houve uma passagem da cultura da aldeia da Palestina para a greco-romana, da cidade, no movimento missionário. "Esse movimento tinha atravessado de fato a divisão fundamental da sociedade do Império Romano, entre a população rural e os moradores da cidade, e os resultados foram provas do momento glorioso" (Bevans; Schroeder, 2011, p. 81).

Além disso, no campo da teologia houve uma eventual transição da ideia apocalíptica – crença na iminente vinda de Jesus do período apostólico – para uma escatologia distante – crença no céu, no futuro e na eternidade. Dado o fim das perseguições sangrentas, os cristãos encontraram outra forma de se afastar do mundo, partindo assim para os desertos e, aos poucos, criando a vida religiosa eremita. Nesse sentido podemos observar que foi desenvolvida a ideia também de que o asceticismo e a espiritualidade deveriam receber mais valor no interior da experiência da perseguição.

Portanto, identificamos nesse período o modelo do testemunho elaborado no Império Romano pelos cristãos que viviam na periferia de Roma. Também houve outro modelo de missão na Ásia Menor e na África do Norte, em que os monges cristãos elaboraram o asceticismo. Esses monges eram chamados de "padres do deserto", que viviam na simplicidade, longe das atividades cotidianas de grandes cidades.

4.3 Missão e o movimento monástico (313-907)

Depois de três séculos de martírio e clandestinidade dos cristãos, o cristianismo começou a apresentar mudanças. Com o Édito de Tolerância (Édito de Milão), em 313, foi oficialmente reconhecida a transição da religião de uma minoria para a religião oficial no interior do Império Romano. Em poucos anos, a religião cristã acumulou uma série de privilégios: "Em 321, o domingo cristão é introduzido no calendário do império. Em 375, o imperador romano Graciano renuncia ao título de *Pontifex Maximus*. Logo depois, os papas assumem esse título de 'Sumo Pontífice', que prevalece até hoje. Em 391, Teodósio proíbe os cultos pagãos" (Suess, 2007, p. 48).

É interessante observar que houve uma mudança histórica do paradigma da missão, principalmente do mundo romano, que até então focava a cristianização no mundo mediterrâneo para os povos germânicos e, consequentemente, para toda a Europa. A transferência da capital do Império Romano de Roma para Bizâncio, que veio a ser chamada Constantinopla, foi a forma de preservar o controle dos dois mundos – o oriental, no mundo grego, e o ocidental, no mundo germânico, europeu. O que é importante notar no campo da difusão da doutrina é a mudança teológica e missiológica de tratar a missão.

4.3.1 Origem do movimento monástico na tradição cristã

O movimento monástico é um dos elementos de suma importância na tradição patrística e também na tradição ortodoxa da missão. A dimensão monástica é algo universal, pois existe em todas as tradições religiosas com roupagens diferentes. Em busca da santidade, os indivíduos, conforme as regiões geográficas, retiravam-se para permanecer em solidão, mas em profunda comunhão com Deus. As regiões férteis promoviam a ida em direção às florestas, ao passo que as regiões semiáridas, para as montanhas no deserto – vale afirmar que as duas regiões eram lugares de desenvolvimento de alto grau de asceticismo.

Sob essa compreensão, podemos observar que o asceticismo herdado pelos primeiros cristãos tinha raízes fortes na tradição judaica, que surgiu na região da Palestina. Essa postura ascética tinha cunho fortemente individual, em meados do século IV; depois da romanização[4] do cristianismo, passou a ser fortemente monástico. A diferença entre o asceticismo e o monasticismo está na forma de buscar: o primeiro se baseia na busca puramente solitária, e o segundo, na vida comunitária.

Entretanto existe também uma leve diferença entre o monasticismo oriental e o ocidental que está em contraste com o monasticismo do Egito, o qual foi caracterizado, particularmente, na época, como solitário e individual. O monasticismo no Ocidente seria de caráter comunitário e estrutural muito mais forte. Como um substituto para o ambiente do deserto do Oriente, as primeiras fundações monásticas no Ocidente foram fundadas em ilhas ou em remotas enseadas da região litorânea (Bevans; Schroeder, 2011, p. 119).

A vida monástica se desenvolveu em toda a região da Europa, estendendo-se ao monasticismo irlandês e também à região da África do Norte, com a regra monástica de Santo Agostinho, que teve impacto na vida monástica, dando origem aos 30 monastérios masculinos que foram fundados antes de sua morte (Bevans; Schroeder, 2011, p. 120). O monasticismo é visto como o ideal perfeito da tradição cristã, que é viver a vida de pureza e morrer ao mundo e partir com a tranquilidade e em paz; tornou-se o modelo ideal para missão, apesar de não ser fundado para tal.[5]

Esse período foi marcado pelas conversões das massas – primeiramente o rei –, criando assim uma identidade específica da cristandade, especialmente na Europa e, principalmente, no reinado de Carlos

---

4   Nesse caso, a romanização se refere à estrutura que a Igreja adquire. Seria a estrutura do Império, uma vez que o cristianismo se tornou a religião do Império.

5   As raízes da vida monástica na região da África do Norte se devem a Santo Antão e a seus seguidores, que posteriormente desenvolveram suas especificidades oferecendo clareza para a vida religiosa monástica.

Magno (742-814). Por um lado, há muitos elementos positivos em relação à atividade missionária como unidade cultural e espiritual da Europa; por outro, existem os elementos perturbadores, como o pensamento geral da "cristianização" dos povos a todo o custo, na maioria das vezes pela violência. Dentro desse contexto, como afirma Bosch (2002, p. 284), "do século 5 ao 12, o monastério não foi só o centro da cultura e da civilização, mas igualmente da missão. Em um mundo dominado pelo amor de si mesmo, as comunidades monásticas representavam um sinal visível e a concretização preliminar de um mundo governado pelo amor de Deus".

Precisamos observar também nessa época a grave crise das invasões contínuas dos bárbaros que levaram à queda de praticamente todas as instituições romanas. Dentro desse contexto, o monasticismo salvou a cultura religiosa dentro de seus edifícios com suas práticas de produção agrícola e pecuária, além de outras técnicas. Assim, podemos dizer que o monasticismo livrou a Igreja do período medieval dos problemas da dominação e da falta de visão em relação à cristianização dos outros povos.

4.4 Missão e o movimento mendicante (1000-1453)[6]

O período mendicante, sob o ponto de vista político, foi caracterizado como tumultuoso: por um lado, as guerras santas, conhecidas como *Cruzadas*, contra o crescente regime muçulmano do Oriente Médio

---

6 Esse longo período experimentou o cisma na Igreja (1054) e diversas guerras das Cruzadas, terminando com a conquista de Constantinopla, em 1453, pelos turcos. O caminho para o Oriente se fechou, dando origem à nova época dos descobrimentos dos caminhos pelo mar aos diversos continentes.

e eventual derrota dos cristãos; por outro, os conflitos e tensões internas entre os reis cristãos na Europa pela supremacia do poder. A Igreja Oriental sofreu a dominação política de turcos, mongóis, chineses e, por fim, russos. Foi nessa época que surgiu, principalmente, o movimento mendicante, dos franciscanos e dominicanos, possibilitando novo modelo de missão.

O cisma da Igreja, que aconteceu no ano 1054, separou a Igreja em duas: a Romana e a Bizantina. A corrupção dentro da Igreja, incluindo a influência indevida dos príncipes na escolha dos papas, parece ter causado o surgimento do movimento mendicante. Por intermédio dele a Igreja buscou realizar duas tarefas: evangelização e catequização.

4.4.1 Surgimento do movimento mendicante

O surgimento do movimento mendicante se deveu aos contextos sociais, políticos e religiosos. Por um lado, a Europa experimentou o rápido crescimento econômico e demográfico depois do ano 1000. Pequenos vilarejos se transformaram em pequenas cidades devido à introdução das indústrias; em consequência disso, carroças sofisticadas com os seus cavalos foram introduzidas no âmbito do comércio. Por outro, vieram as universidades e os centros culturais e comerciais, promovendo as relações comerciais, inclusive com o mundo muçulmano. Assim ocorreu uma passagem nítida, nos séculos XII e XIII, da era do feudalismo ao mundo dos mercadores e artesãos, que parece ter se tornado mais forte do que propriamente a dita aristocracia.

No campo religioso, a Igreja estava corrompida pelo poder, pela propriedade, pelo clericalismo e pelo militarismo. O incremento do poder e da estrutura administrativa do papado e da cúria naquele período, apesar dos aspectos negativos deplorados por São Bernardo de Claraval e outros, foi visto como benéfico para diminuir a influência dos senhores feudais e monarcas nos assuntos internos da Igreja. Dentro desse contexto, apresentou-se o movimento mendicante dos franciscanos e dominicanos, focado no Evangelho e inspirado pelo espírito dos primeiros cristãos. Por outro lado, é importante lembrar que o próprio surgimento das ordens mendicantes – que rompiam com a lógica tradicional da territorialidade das dioceses e paróquias – acabou contribuindo para o incremento do poder papal da época.

Franciscanos e dominicanos

Entre os diversos movimentos mendicantes, os franciscanos e os dominicanos se destacam por conseguirem combinar os valores evangélicos e fundamentos teológicos apropriados, em longo prazo. Tanto Francisco de Assis como Domingos de Gusmão acabaram criando suas respectivas ordens com vistas à missão, por meio do chamado comum – *vita apostólica* –, mas cada um com seu modo específico. Conforme lembram Bevans e Schroeder (2011, p. 158-159),

> Para os franciscanos, a ênfase era na vita – testemunho e imitação da paixão de Cristo, através da pobreza austera, com o apostolado ou o trabalho missionário, que cresce a partir do modo de viver da vida. Para os dominicanos, a ênfase era na apostólica – responder antes de tudo ao ideal da atividade da missão, e depois definindo e justificando o modo de vida no que se refere à pobreza e como parte do apostolado. Além disso, os franciscanos enfatizam a pregação de leigos e o ideal do martírio, enquanto os dominicanos enfatizam a escolaridade e a pregação do clero.

De modo geral, a principal característica do movimento mendicante de fato reside na sobrevivência do grupo, que dependia de esmolas, pois seus integrantes renunciavam à posse de quaisquer bens, comprometendo-se a viver radicalmente na pobreza e na simplicidade.

Assim, a missão da Igreja viveu com esse modelo que é um dos mais fortes até hoje.

4.5 Missão nos tempos dos descobrimentos (1492-1773)[7]

O século XV parece ter sido de tumulto e também de novidades, não somente para a Igreja, mas também para o mundo, pois foi marcado por descobrimentos dos continentes, lugares, culturas e, por fim, dos caminhos para tais descobertas. Enquanto a sociedade medieval europeia perdia seu lugar para as novidades que entraram no jogo das relações comerciais, a Igreja estava preocupada com seus problemas internos e com tensões graves que deram origem à Reforma Protestante e à Contrarreforma logo no início do século XV. De acordo com Bosch (2002, p. 293-294),

> Essa grandiosa síntese foi substituída por uma ênfase na tensão, inclusive, na oposição, entre fé e razão (ou graça e razão – cf. Gerrish, 1962), a Igreja e o mundo, teologia e a filosofia, o christianum e o humanum, uma tensão tem caracterizado ainda que diversificadamente o protestantismo desde Lutero até hoje.

A queda de Constantinopla nas mãos dos turcos, em 1453, e, consequentemente, a descoberta do caminho do mar para as Índias e outros lugares, iniciada pelos navegadores portugueses Cristóvão Colombo,

---
[7] Enquadrar a missão nos tempos de descobrimentos tem um significado específico. O ano de 1492 é muito importante na história da tradição da missão, graças a reconquista da Península Ibérica dos muçulmanos depois de 700 anos, na vitória de Granada, em 1492, e eventual expulsão dos mouros e dos judeus, que deu início ao ânimo de espírito de Cruzados na conquista dos pagãos à tradição cristã. Em 1773, houve a dominação de Napoleão, aprisionamento do papa e consequente fechamento da Ordem da Companhia de Jesus, que experimentou uma estagnação nas atividades missionárias.

em 1492, e Vasco da Gama, em 1498, deram novos rumos à missão. Nessa época, a Ordem de Cristo, fundada pelo Papa João XXII em 1319, sucedendo a antiga Ordem dos Templários, recebeu motivação para levar a cruz de Cristo, símbolo dela, além dos mares desconhecidos. Essa cruz foi erguida nas velas das caravelas portuguesas, fazendo-a um símbolo nacional de Portugal.

Assim, podemos observar que surgiu um novo movimento missionário, especificamente dentro da Igreja Católica, para acompanhar a expansão política e econômica, fazendo um casamento entre a Igreja e o Estado, em benefício de ambos. Essa aliança mais tarde veio a ser conhecida como *padroado*, a partir de sucessivas e gradativas bulas do papa e com longa negociação da Santa Sé com Portugal e Espanha, que eram os países ibéricos dominantes na expansão ultramarina.[8] Dessa forma, os reinos ibéricos tinham não só uma dimensão político-administrativa, mas também religiosa. As atividades da Igreja Católica acabaram se tornando mais funções do poder político do que propriamente religiosas. Como resultado desse pacto com a Santa Sé, a Espanha recebeu autorização para expandir seus territórios coloniais no mundo das Américas, o Ocidente, e Portugal recebeu a região asiática no Oriente.[9]

O elemento positivo do padroado foi a criação da *Propaganda Fidei*, em 1622, para propagar a fé católica no mundo todo. Inúmeros missionários se dirigiram às terras distantes e nunca mais voltaram às suas pátrias. Vale lembrarmos que, na maioria das vezes, isso também

---

8 Na aliança do padroado, a Santa Sé delegava aos monarcas católicos a administração e a organização da Igreja Católica em seus domínios conquistados e por conquistar. Em contrapartida, o rei padroeiro, que arrecadava os dízimos eclesiásticos, deveria construir e prover as igrejas com todo o necessário para o culto; nomear os párocos por concursos e propor nomes de bispos, os quais, depois, eram formalmente confirmados pelo papa (Padroado, 2018).

9 Nessa divisão entre o Ocidente para Espanha e o Oriente para Portugal houve uma exceção. Filipinas, país do Extremo Oriente, foi dado à Espanha e recebeu o nome do rei espanhol Felipe II; é o único país na Ásia majoritariamente cristão. No Ocidente, o Brasil foi dado a Portugal devido a sua importância na descoberta pelos portugueses.

ocorria com os missionários cujo trabalho deu origem ao cuidado dos nativos tanto no campo da educação como no da saúde.

4.5.1 Dois modelos missionários

O padroado contribuiu imensamente para o surgimento de novos modelos de missão entre os católicos e, mais tarde, entre os protestantes, e, por vezes, para os conflitos abertos com outros modelos. Podemos observar nitidamente as diferenças nas formas de abordar a missão nas Américas e na Ásia. Os missionários europeus, principalmente portugueses e espanhóis e mais tarde outras nacionalidades com patrocínio dos reis e com apoio da Igreja, se adaptaram para transmitir a Palavra de Deus conforme os contextos encontrados.

Os modelos da missão nas Américas

O modelo da missão nas Américas foi fortemente influenciado pela presença dos povos indígenas. Podemos observar duas formas de abordar a missão.[10] O interesse dos espanhóis se concentrava na região chamada *Nova Espanha*, que é o atual México, e mais tarde na região peruana (andina) dominada pelas culturas indígenas (astecas e incas). A Região Centro-América era da cultura maia, que não teve tanta força política e militar para resistir ao poderio militar espanhol. A fase inicial do processo da colonização foi mais dura pelo fato de os colonizadores estarem em busca de uma supremacia; os colonizados, portanto, experimentaram graves situações, inclusive violência. Por isso, para amenizar esse cenário no contexto da missão, a evangelização foi realizada por meio do modelo conventual, no qual um pequeno grupo de quatro

---

10 Existe também o modelo profético de Bartolomeu de Las Casas, que não tratamos nesta obra, pois se encontra no interior do contexto das missões anteriores dos dominicanos nas Américas.

ou cinco missionários, vivendo numa comunidade, estabeleciam um convento com as famílias espanholas e centenas de indígenas, vivendo juntos numa nova aldeia cristã que contava com uma igreja, uma escola, um hospital e um orfanato. Com esse sistema foi realizada a missão, com a vinda dos franciscanos, dominicanos e posteriormente outras ordens e congregações.

Mais tarde, para se proteger das violências dos conquistadores, os indígenas se viram forçados a viver em pequenas glebas, ou reduções[11], dentro do controle dos conquistadores. Assim se originou a nova forma de criarem as reduções, consequentemente novo modelo da missão. A responsabilidade delas, até então nas mãos dos representantes dos reis, passou para os missionários. Os franciscanos, inicialmente, assumiram esse sistema a fim de minimizar o sofrimento dos indígenas. Como lembram Bevans e Schroeder (2011, p. 179), "um missionário iria substituir os encomendadores, e os povos indígenas foram libertados de serviço por uma encomenda, por passar os primeiros dez anos na redução". Os jesuítas parecem ter dado mais um passo na compreensão, tendo nas suas reduções igreja, escola e oficina de trabalho. Além disso, viviam nessas reduções com os indígenas.

De fato, esses dois modelos deram um salto no sentido de ajudar a tirar das culturas nativas algumas práticas violentas como os sacrifícios humanos. Os missionários dedicaram seu tempo para educar as populações, elevaram as civilizações, criaram gramáticas e a escrita; eram não só sacerdotes, mas homens integralmente formados, capazes de transmitir o Evangelho e a Bíblia e também toda a cultura ocidental. Muitos missionários acabaram morrendo em tentativas de fazer o bem aos nativos, adquirindo doenças sem ter um tratamento adequado.

---

11 O modelo de reduções foi utilizado pelos jesuítas na América para fazer a evangelização à imitação do apostolado de Jesus. A princípio, uma área construída tinha, de um lado, a moradia dos índios e, do outro, a dos missionários, com o espaço para diversas atividades como catequese, educação e oração.

Modelo de acomodação na Ásia

Na Ásia, devido à realidade plurirreligiosa, foi adotado o modelo mais dialógico, típico – o do "guru", "estudioso", ou "parceiro do diálogo", assumindo o estilo de vida pertinente naquela região (Bevans; Schroeder, 2011, p. 171). O cristianismo já havia entrado no Extremo Oriente nos tempos de Jesus, por meio de São Tomé e Bartolomeu, e mais tarde com os missionários da Síria e com a corrente nestoriana. Não iremos aprofundar detalhadamente essa missão, visto que a realidade dela é muito distante em relação à do Brasil.

Os missionários tiveram duas atitudes em relação à missão na Ásia. Devido às rotas comerciais, o mundo da China, do Japão e da Índia era conhecido para os europeus. O da China e do Japão eram vistos como de alteridade, portanto a missão deveria ser realizada como sujeitos iguais. No caso da Índia, a percepção era a da submissão por causa do complexo sistema das castas. Posteriormente, com a chegada de Roberto de Nobili, utilizou-se fortemente a estratégia de acomodação; em outras palavras, a de se adaptar ao estilo de vida dos nativos e propagar a mensagem do Evangelho sob a visão deles. As figuras-chaves do modelo jesuítico das Américas foram Manuel de Nóbrega e Padre Anchieta; e na Ásia, destacaram-se os padres Francisco Xavier, Roberto de Nobili e Mateo Ricci, entre outros.[12]

---

[12] Não pretendemos tratar os modelos da missão aplicados ao continente africano. Vale dizer que havia paradas principalmente na costa de Moçambique enquanto a marinha portuguesa viajava para a Índia. Moçambique se tornou parte da Diocese de Goa em 1610.

4.6 Missão nos tempos do progresso (1792-1914)[13]

Diversos fatores, tanto históricos quanto políticos e religiosos, levaram a mudar o foco da missão no período do progresso. Os novos parâmetros se deveram ao surgimento da era da modernidade ou da iluminação, com a fundação da Sociedade Missionária Batista, em 1792, e com o início da Primeira Guerra Mundial, em 1914, que deu fim àquela era. O avanço missionário foi interrompido, principalmente entre os católicos, por causa da Revolução Francesa e também das inúmeras guerras de Napoleão, que acabaram em 1815 com a prisão dele. Nessa época, como lembram Bevans e Schroeder (2011, p. 206): "Tanto os protestantes como os católicos, deste movimento missionário do século XIX, seguiram o que pode ser chamado, geralmente, de modelo de sociedade, isto é, constituído por voluntários de organizações missionárias".

É interessante observar que no século XIX outros países europeus como Alemanha, Inglaterra e França entraram no jogo da expansão colonial, propondo regras no encontro de Berlim, entre 1884-1885, principalmente para o continente africano. Nessa expansão, os missionários também acompanharam o processo de "missão como expansão além territórios geográficos"; como dizem Bevans e Schroeder (2011, p. 207), eles se tornaram agentes dos três "C"s da colonização – cristianismo, comércio e civilização.

Na Europa, a industrialização se encontrava em seu auge, com máquinas a vapor, eletricidade, ferrovias, que trouxeram melhorias

---

[13] As datas da missão nos tempos do progresso são importantes. Em 1792, os protestantes iniciaram sua missão como agentes principais dessa tarefa com a fundação da Sociedade Missionária Batista (Baptist Missionary Society – BMS); a data de conclusão é 1914, com o início da Primeira Guerra Mundial; apesar de que quatro anos antes (1910) ocorreu a Conferência Mundial sobre a Missão, em Edimburgo, que é a data precisa do seu término.

para o transporte e a comunicação. A Revolução Industrial precisava de matéria-prima das colônias; as cidades começaram a crescer, dando origem à nova classe social; a Encíclica *Rerum Novarum*, em 1891, veio para atender a essa nova coletividade. Uma boa parte dos missionários surgiu desse segmento social e participou do movimento missionário.

Nessa época, apareceram na Europa inúmeras congregações religiosas, tanto masculinas quanto femininas, cujo objetivo era enviar missionários, com a motivação de *plantatio ecclesiae* – implantar a Igreja nas terras distantes. A grande maioria deles entendeu que "civilizar" e "evangelizar" caminhavam juntos no processo da missão, dando origem assim à abordagem holística da missão. Podemos observar também que nesse período a missão se encontrava nas mãos dos agentes especialistas, ou seja, de religiosos/as, padres e irmãos pertencentes a diversas congregações.

4.7 Missão no século XX: rumo ao cristianismo mundial (1919-1991)[14]

A missão no século XX está intimamente vinculada à realização do Concílio Vaticano II (1962-1965), tanto referente aos fatos anteriores quanto aos posteriores. No âmbito da missão, a Igreja Católica, finalmente livre das amarras dos Estados, começava a criar igrejas locais e bispos locais nas terras de missões, deixando tais igrejas mais livres para crescer. Os detalhes sobre os conteúdos pertinentes à missão no

---

14 A missão no século XX foi enquadrada em torno de 70 anos, iniciando-se com a Encíclica *Maximum Illud* (1919) e tendo a sua conclusão com *Redemptoris Missio* (1991).

Concílio Vaticano II serão tratados no próximo capítulo, mas nesta abordagem apontaremos alguns contextos concretos e históricos que lograram êxito em colocar a Igreja no contexto mundial. Em primeiro lugar, as consequências da Primeira Guerra Mundial criaram uma decepção em relação à modernidade e ao Iluminismo, os quais deveriam trazer luzes para o bem-estar da humanidade, mas, ao contrário, levaram ao caos e tiraram todas as esperanças de um mundo melhor. Enquanto a Europa estava tentando se organizar, depois dos efeitos dessa guerra, na Igreja surgia um novo ânimo em relação à expansão missionária e, ao mesmo tempo, à valorização dos cristãos convertidos nos países colonizados.[15] Como afirmam Bevans e Schroeder (2011, p. 239),

> A encíclica missionária Maximum Ilud de Bento XV de 1919 e o estabelecimento do Internacional Conselho Missionário (IMC), em 1921, marcaram o ponto de partida para este novo momento missionário, que, em muitos aspectos, iniciou como a continuação do modelo de sociedade, mas também apontou os indícios de que algo novo estava se formando.

A Igreja enfrentou inúmeras dificuldades já na primeira metade do século XX, como a Revolução Russa (1917), a ascensão de Mussolini na Itália (1922) e de Hitler na Alemanha (1933) e, consequentemente, a Segunda Guerra Mundial (1939-1945). Além disso, surgiu também o movimento da independência de países colonizados, terminando o domínio da colonização por parte dos países europeus. Esses fatos afetaram diretamente na expansão missionária da Igreja.

Na segunda metade do século XX também houve outros acontecimentos como a queda do Muro de Berlim, muitas guerras locais – na Ásia, devido à separação do Timor Leste da Indonésia –, Guerra do

---

15 Nesse caso houve o recrutamento dos nativos dos países colonizados para os seminários e os conventos; houve a ordenação do clero nativo na China em 1925. Assim observa-se uma abertura por parte da Igreja em relação à missão.

Iraque (Oriente Médio), guerra na África entre os hutu e tutsi (Ruanda, antigo Zaire) e os conflitos internos na Colômbia (América Latina). Observamos também a migração em massa, o fortalecimento e crescimento da fé muçulmana, novos centros de economia e o surgimento de computadores e a revolução cibernética em cada canto do globo.

4.7.1 Múltiplos modelos da missão do século XX

Em razão da rapidez na comunicação e da facilidade nas viagens, a missão acompanhou o processo de expansão em todos os continentes com o deslocamento. Isso levou Latourette (citado por Bevans; Schroeder, 2011, p. 240) a afirmar que "o século XX é o grande século em relação à missão". Por um lado, houve o declínio do cristianismo na Europa; por outro, Ásia, África e América Latina experimentaram o crescimento apontando ao cristianismo mundial. No século XX, o movimento missionário, na percepção de Robert Schreiter (citado por Bevans; Schroeder, 2011, p. 244), forneceu quatro modelos da missão, construídos de forma gradativa conforme o período histórico: certeza, fermento, crise e renascimento.

O modelo de certeza se estendeu da Encíclica *Maximum Illud* (1919) até o Concílio Vaticano II (1962-1965). Ele simplesmente deu continuidade ao modelo da expansão, a partir da superioridade da revelação da doutrina e da criação das sociedades perfeitas, em continentes diferentes, com os objetivos de evangelizar os povos e estabelecer a Igreja local.

O modelo de fermento teve início com a convocação do Concílio Vaticano II, pelo Papa João XXIII, com a palavra-chave *aggiornamento*, que significa o ato de fazer uma atualização da Igreja para os contextos contemporâneos. Nesse modelo, a Igreja descobriu sua natureza missionária e reconheceu a semente do Verbo em outras tradições religiosas, purificando, assim, a atitude de conversão e expansão da Igreja nos povos diferentes.

O modelo da crise surgiu logo após o Concílio Vaticano II, na década de 1960, com o aparecimento da contracultura, questionando o modelo da autoridade tradicional. Um olhar positivo por parte da Igreja sobre a humanidade, até mesmo em relação às outras culturas e outros povos, deu espaço à secularização. Além disso, o Concílio apontou muitos benefícios, ao mesmo tempo que gerou certa confusão devido às mudanças no campo da liturgia nas línguas nativas. Houve uma desistência em massa de padres e freiras das dioceses e dos conventos.

Por fim, o modelo de renascimento surgiu a partir da publicação da *Evangelii Nuntiandi*, do Papa Paulo VI, com uma nova visão para a atividade missionária. O Reino de Deus pareceu tomar conta da ideia central da missão, afirmando, assim, a natureza missionária da Igreja nas décadas posteriores do Concílio.

Trilhando o caminho histórico, percebemos que em cada época a Igreja desenvolveu modelos específicos da missão conforme as leituras dos seus contextos. Sobre eles, podemos identificar três aspectos. Em primeiro lugar, todos se encontram na base teológica, *Missio Dei* (missão é de Deus); portanto, a Palavra de Deus motivou toda a história da missão durante diversos processos de evangelização. Em segundo lugar, os missionários eram chamados a ser críticos dos contextos, das culturas e das cosmovisões de sua época, mas a missão de Deus estava em andamento, com ou sem missionários, de forma oculta e surpreendente. Em terceiro lugar, o convite para participar na *Missio Dei* continua ainda hoje nas formas apresentadas nos Atos dos Apóstolos, em que a comunidade primitiva colocou tudo em comum e iniciou o processo chamado *Igreja em saída*, para os povos diversos, sem nenhuma distinção de etnia, cultura, sexo e classe.

Os modelos apresentados neste capítulo nos indicam o processo evolutivo da Igreja, começando com uma Igreja encolhida e sofrida de perseguições, já nos primeiros três séculos, chegando a uma Igreja mundial, com a presença significativa em todos os continentes no século XX.

Síntese

Neste capítulo trilhamos o caminho histórico da missão. A Igreja, desde os tempos primitivos, sempre procurou anunciar a boa nova em diversas formas e em diversos contextos. Ao longo dos séculos surgiram diversos modelos de missão. Na primeira fase, surgiu o modelo de testemunho, quando a Igreja foi perseguida no Império Romano. Na segunda fase, a partir do Edito de Milão, a cristandade assumiu o papel do poder, e nessa época surgiu o modelo monástico da missão. Na terceira fase, que se iniciou no ano 1000, ela teve o modelo mendicante iniciado por Francisco de Assis, focando mais na vida de pobreza, ao passo que Domingos enfatizou na vida apostólica.

Nos tempos dos descobrimentos, encontramos dois modelos nas Américas: o conventual, nas colônias espanholas, e o das reduções, elaborado pelos jesuítas; na Ásia, surgiu o de acomodação, iniciado por Francisco Xavier. A missão nos tempos do progresso deu origem ao modelo de sociedade perfeita; e, no século XX, apareceram múltiplos outros, iniciados por diversos missionários, conforme os contextos.

Indicação cultural

IGREJA que envia (7min 40seg). In: MISSÃO é servir: quem quiser ser o primeiro, seja o servo de todos (Mc 10:44). Campanha Missionária 2015. Pontifícias Obras Missionárias. 1 DVD.

Esse DVD retrata situações nas quais missionários e missionárias vivem a missão de servir. São testemunhos que nos provocam a sair ao encontro dos mais pobres e defender a vida. O DVD tem nove apresentações no formato de nove dias com temas específicos. Aqui escolhemos o do quarto dia conforme o tema elaborado.

Atividades de autoavaliação

1. Existem etapas missionárias na história da Igreja. Assinale a alternativa que apresenta corretamente quantas e quais são elas.

    a) Três etapas da missão: missão na Igreja primitiva; missão nos tempos descobrimentos; e missão nos tempos de progresso.

    b) Seis etapas da missão: missão na Igreja primitiva; missão e o movimento monástico; missão e o movimento mendicante; missão nos tempos de descobrimentos; missão nos tempos de progresso; e missão no século XX.

    c) Cinco etapas da missão – e não seis: missão na Igreja primitiva; missão e o movimento monástico; missão e o movimento mendicante; missão nos tempos de progresso; e missão no século XX.

    d) Quatro etapas da missão: missão na Igreja primitiva; missão nos tempos descobrimentos; missão nos tempos de progresso; e missão contemporânea.

2. Duas ordens foram importantes durante o movimento mendicante. Estamos falando de:

    a) franciscanos e dominicanos.

    b) franciscanos e jesuítas.

    c) dominicanos e salesianos.

    d) franciscanos e verbo divino.

3. Com base no que foi estudado neste capítulo a respeito do padroado, analise as afirmações a seguir e marque V para a(s) verdadeira(s) e F para a(s) falsa(s):
   ( ) O padroado é compreendido como uma aliança entre a Igreja a partir de sucessivas e gradativas bulas do papa e com longa negociação da Santa Sé com Portugal e Espanha, os países ibéricos dominantes na expansão ultramarina para proteger e apoiar os interesses de ambos.
   ( ) O padroado é uma aliança entre Estados Unidos e Santa Sé para proteger os interesses dos dois.
   ( ) O padroado é compreendido como uma aliança entre Espanha e Portugal para preservar seus interesses em relação ao colonialismo.
   ( ) O padroado é compreendido como uma aliança entre os países da Europa e a Igreja com vistas à expansão ultramarina.

   Assinale a alternativa que apresenta a sequência correta:
   a) V, F, F, F.
   b) F, V, F, F.
   c) F, F, F, V.
   d) V, V, F, F.

4. Analise as afirmações a seguir a respeito da missão no século XX e marque a alternativa correta:
   a) No século XX, o movimento missionário forneceu somente dois modelos da missão: inculturação e aculturação.
   b) No século XX, o movimento missionário deu origem ao modelo da acomodação e diálogo.

c) No século XX, o movimento missionário forneceu quatro modelos da missão construídos numa forma gradativa conforme o período histórico: certeza, fermento, crise e renascimento.

d) No século XX, o movimento missionário não propôs nenhum modelo, mas simplesmente deu continuidade aos antigos.

5. No tempo dos descobrimentos surgiram dois modelos distintos de missão. Com base nisso, leia com atenção as afirmações a seguir:

I. As Américas tiveram dois modelos: conventual, no mundo espanhol, e o das reduções, o modelo dos jesuítas.

II. A Ásia teve o modelo da acomodação e do diálogo.

III. As Américas tiveram o modelo da acomodação, e a Ásia, o das reduções.

IV. A Ásia não teve nenhum modelo, ao passo que as Américas desenvolveram dois: o conventual e o das reduções.

Está correto apenas o que se diz em:

a) I e II.
b) I e III.
c) II e III.
d) III e IV.

Atividades de aprendizagem

Questões para reflexão

1. O capítulo abordou os diversos modelos da missão ao longo dos séculos na Igreja. Então, reflita sobre o modelo utilizado em sua paróquia e comente a respeito das características dele.

2. Identifique um dos missionários que utilizou o modelo que mais chamou a sua atenção e faça uma reflexão sobre tal modelo, comentando a respeito de suas caraterísticas e estratégias.

Atividade aplicada: prática

1. Convide um padre que tenha conhecimento da história da Igreja para a sala de aula e peça que explique os contextos históricos da missão. Ele também deve explanar especificamente acerca dos modelos da missão na história da Igreja. No segundo momento, realize um debate fazendo uma dinâmica de perguntas e respostas.

    a) Quais foram os aspectos que chamaram a atenção após a apresentação do padre na sala de aula?
    b) Quais são os modelos da missão mais significativos?
    c) O que a explicação do padre acrescentou em termos de conhecimento sobre a missão e os modelos da missão?
    d) Elabore um cartaz apresentando diversos modelos da missão. Pendure-o e mantenha-o por aproximadamente um mês na sala de aula para que a turma crie consciência da responsabilidade para com a missão da Igreja.

5
Missão no Concílio Vaticano II: da territorialidade à essência missionária

Depois de tratarmos dos diversos modelos da missão no capítulo anterior, é prudente entrarmos no tema específico da missão apresentado pelo grande momento histórico da Igreja: o Concílio Vaticano II. A década de 1950 parece ter sido o marco importante para ela, pois estava vivendo um contexto de civilizações com novas mudanças e condições. Os efeitos negativos da Guerra Mundial eram nítidos: por um lado, certo desânimo com a população cristã, especificamente da Europa; por outro, uma vontade de iniciar uma nova vida de progresso.

Os problemas da sociedade começaram a repercutir na própria Igreja, a qual sentiu um chamado urgente para renovação. Segundo Souza (2005), ela percebeu a urgência de um novo ardor e impulso missionário e desejou reunir as forças dos fiéis para delinear a atividade missionária para que o Reino de Deus atingisse a todos os povos. Assim, surgiu a convocação de grande concílio na pessoa do Papa João XXIII.

Pretendemos aqui desenvolver as contribuições do Concílio Vaticano II para a missão. No primeiro momento, abordaremos o cenário histórico e missionário antes do evento. Em seguida trataremos especificamente do Decreto *Ad Gentes* – sobre a atividade missionária da Igreja e seu impacto na tarefa missionária. Por fim, refletiremos sobre algumas encíclicas missionárias pós-Vaticano II que deram continuidade à proposta do *Ad Gentes*.

5.1 Contextos que antecederam o Concílio Vaticano II

O notável missiólogo sul-africano David Bosch, em seu volume seminal intitulado *Missão Transformadora*, declarou: "Missão é o sim de Deus para o mundo" (Bosch, 2002, p. 28). A motivação do Concílio Vaticano II se situou nesse espírito, e a Igreja desejava ser solidária com a humanidade, inserir-se no mundo e também ser impregnada, tentando renovar o espírito missionário vindo da própria Trindade. Nessa forma, buscava lançar as sementes para colher bons frutos.

Entretanto, conforme aponta Paulo Suess (2007, p. 118),

> na origem do Concílio Vaticano II (1962-1965) encontram as dúvidas sobre a missão da Igreja no mundo de hoje e perguntas sobre a maneira de anunciar a mensagem cristã e de vivê-la com relevância para a humanidade. Como traduzir os artigos de fé, os sinais de justiça, as imagens de esperança e as práticas de solidariedade para os interlocutores "mundo" e "humanidade" [...].

Justamente essa preocupação da Igreja nos leva a verificar o contexto específico da missão alguns anos antes do Concílio – já na primeira metade do século XX. Vamos abordá-la em duas direções: a primeira, no campo da missão; e a segunda, nos fatos históricos.

5.1.1 Contextos missionários na primeira metade do século XX

Na primeira metade do século XX, a visão de missão perdera significado e foco. Até então a percepção que havia inspirado os grandes movimentos missionários foi estreitamente eclesiocêntrica, com o objetivo de expandir a Igreja e salvar almas. Na missão não só existiam problemas: ela mesma se tornou um deles. Havia muitos questionamentos sobre a necessidade e o modo de se fazer a missão, como também surgiram fortes críticas em relação a ela. Teólogos como Paulo Varghese (1970, citado por Almeida, 2017, p. 19), da tradição ortodoxa da Índia, consideraram a missão como a maior inimiga do Evangelho.

Já Emérito Nacpil (1971, citado por Almeida, 2017, p. 19) afirmou em relação à missão no contexto asiático que "o melhor serviço missionário que um missionário dentro do presente sistema pode dar à Ásia hoje é voltar para sua casa". Além disso, Suess (2007, p. 119) aponta que "os documentos oficiais da Igreja Católica latino-americana do fim do século XIX e da primeira metade do século XX apontam para uma igreja que defende seus privilégios como meio e a civilização ocidental como meta missionária sobretudo para as tribos que ainda permanecem na infidelidade".

Conforme ressaltam Bevans e Schroeder (2011), nessa época a atividade missionária se reduzia simplesmente a dirigir escolas, hospitais e orfanatos e se realizava somente pelo clero. O entendimento era tirar os povos de diversas aflições culturais e religiosas – e as religiões tradicionais vistas como primitivas e com pouco conteúdo da revelação. A visão pré-Vaticano II motivava-se para salvar as almas e foi de certa forma instalada tanto no Oriente quanto na América Latina pelos missionários, considerando que a Igreja detinha toda a verdade. Por outro lado, a encíclica de Benedito XV, *Maximum Illud* (1919), sobre difundir a fé católica no mundo, parece ser a primeira com ênfase missionária, ainda que, conforme lembram Bevans e Schroeder (2011), com pouca base teológica da missão – apesar da forte motivação de conversão.

Entretanto, surgiram as direções esperançosas da missão, as quais podemos apontar a partir de três movimentos. O primeiro se deu por Charles Foucauld (1858-1916), que fez trabalhos voluntários, praticou a caridade, a hospitalidade, libertou escravos e curou os feridos da batalha entre árabes e franceses. Ele se tornou um dos precursores da descolonização que, com seus seguidores nos mais diversos movimentos espirituais e fundações religiosas, antecipava questões posteriormente articuladas em torno do paradigma da inculturação. Segundo Bevans e Schroeder (2011, p. 248), "Foucauld se tornou modelo para missão do século vinte, um modelo de presença".

O segundo movimento foi o da Ação Católica[1] e dos movimentos de leigos missionários que ofereceram a possibilidade para os leigos, principalmente as mulheres, tomarem iniciativas com vistas à realização da missão da Igreja. O movimento dos padres operários[2], que deu uma percepção clara para a Igreja olhar a realidade concreta dos

---

1 A Encíclica *Quadragesimo Anno* (1931), de Pio XI, parece ter dado início aos movimentos da Ação Católica, que chamou os leigos católicos a assumirem a causa da depressão econômica que aconteceu no ano de 1929. Nessa época a maioria dos missionários eram religiosos (padres, irmãos e irmãs) – com exceção do Movimento Internacional de Mulheres, fundado na Holanda e estabelecido oficialmente nos Estados Unidos em 1944, e de alguns leigos que trabalhavam para as congregações na missão e que também as ajudavam nessa tarefa.

2 O movimento dos padres operários, fundado pelo Cardeal Emmanuel Sühard, se inspirou na vida de Foucauld de marcar presença cristã onde os trabalhadores estavam, nas fábricas e trabalhos portuários. Tal movimento sofreu pela incompreensão, mas representou um "modelo alternativo para missão", testemunho de presença entre os pobres trabalhadores (Bevans; Schroeder, 2011, p. 249).

trabalhadores e outras ações sociais que estavam presentes na época, constituiu as janelas de inspirações do Papa João XXIII e dos padres conciliares para a construção de uma visão de Igreja e de missão que iluminasse toda a jornada do Concílio Vaticano II.

A terceira motivação se originou da Encíclica *Mystici Corporis* (1943), seguida de outras duas de cunho missionário – *Evangelii Praecones* (1951) e *Fidei Donum* (1957) –, que forneceram uma clara inspiração para convocar o conclave.

5.1.2 Contextos históricos antes do Vaticano II

Podemos destacar diversos contextos históricos e sociais que antecederam o Concílio Vaticano II. Por um lado, os efeitos da Segunda Guerra Mundial afetaram diretamente a vida social e espiritual cristã, especificamente na Europa; por outro, houve a perda do poder colonial, e entre duas décadas (1940-1960) muitos países colonizados declararam sua independência – com destaque para os continentes asiático e africano –, dificultando a entrada dos missionários nessas regiões. Países como China, Índia e Indonésia fecharam-lhes as portas e impediram qualquer atividade com essa finalidade. Percebemos que com a devastação das duas guerras mundiais a ideologia colonial foi derrotada e a civilização ocidental começou a perder prestígio. O mundo pós-colonial passou a forjar também a descolonização da Igreja.

Nessa mesma época, a Europa experimentou o surgimento do existencialismo, certa descrença na religião e nas estruturas da Igreja, e sentiu a necessidade de se reconstruir para entrar no tempo moderno das construções. Nesse sentido, por um lado, diversas escolas filosóficas surgiram – as escolas de Frankfurt e de Viena, por exemplo –, oferecendo uma visão negativa da vida. Por outro, os países entravam no processo de modernidade para reerguer a Europa. Soma-se a isso a forte presença do comunismo nos países do Leste Europeu, União Soviética, China e outros do Sudeste Asiático tentando subjugar os valores humanos. Nesse meio, a Igreja começou a perder fiéis, e com isso percebeu uma drástica diminuição dos agentes missionários.

5.2 O Concílio Vaticano II

Para a Igreja Católica, o Concílio Vaticano II foi um dos eventos marcantes em relação à sua abertura aos povos e ao desenvolvimento das atividades missionárias. A importância do conclave se justifica pelo fato de carregar tríplice dimensão – ecumênica, pastoral e eclesiológica –, apresentando palavras-chaves como *aggiornamento* (que significa "atualização, renovação, rejuvenescimento, diaconia, serviço") e diálogo (apontando para comunhão, corresponsabilidade e participação).

De fato, o anúncio do Concílio aconteceu no dia 25 de janeiro de 1959, data da festa da conversão do apóstolo Paulo na basílica que carrega o nome dele e que se encontra fora dos muros de Roma. O conclave tem um significado mais simbólico e profundo para reconstruir uma Igreja com a atitude de conversão. A Igreja reconhece que sua atividade missionária tem a dimensão redentora da humanidade, portanto deve ir além dos muros. Como afirma Suess (2007, p. 121),

> a Igreja se encontra a si mesma, exatamente, "fora dos muros". Como colocar a Igreja em dia com o mundo e com uma nova consciência histórica, e inseri-la na realidade de hoje? Inserção na realidade, consciência histórica, contemporaneidade, sem concessões aos modismos, e visão utópica delineiam o campo semântico do aggiornamento.

O tema da missão aos povos foi foco de debate no Concílio Vaticano II. Raschietti (2011, p. 11), citando *Enchiridion Vaticanum, 190*, ressalta que o Papa João XXIII

> "convida a Igreja a olhar os sinais dos tempos, a um novo pentecostes", exigindo dela uma determinada decisão de passagem do fechamento em si, da cristandade, para uma Igreja que abre as portas para o mundo com "profunda compreensão, com sincera admiração e com franco propósito não de conquistar, mas de valorizá-lo; não de condená-lo, mas de confortá-lo e salvá-lo".

5.2.1 Razões para convocação do Concílio Vaticano II

Existem diversas razões para a convocação do Concílio, e naquele período conferia-se grande atenção em relação à prática missionária. O mundo e a Igreja enfrentavam diversas crises e tensões acerca do modo de realizar a missão. A preocupação da comissão preparatória do conclave era preservar a consciência da reviravolta da atividade missionária que estava ocorrendo naquele momento e ao mesmo tempo desenvolver uma teologia específica que representasse o contexto histórico da missão. A imagem de comunhão trinitária deveria ser a inspiração – e convite – para que a proclamação fosse feita por meio do diálogo, da presença e do testemunho.

Além disso, havia outros contextos e situações vivas do momento, conforme Bevans e Schroeder (2011) destacam com clareza: juventude que questiona a autoridade e tradições de muitas colônias buscando suas independências, outras já independentes; visão otimista da humanidade; secularização. Nesse sentido, para os católicos o Concílio Vaticano II trouxe vida nova, mas também de certa forma as confusões.

A Igreja estava vivendo em um momento de gueto e precisava promover as transformações claras e radicais porque o modelo colonizador da missão já não fazia mais sentido.

Justamente nesse contexto o pontífice e os padres conciliares estavam cientes da situação da Igreja.[3] O teólogo Agenor Brighenti (2016, p. 8) aponta esse período como de "um momento de mudanças profundas e desafiadoras, de continuidade e descontinuidade [...] de reforma, 'ad intra e ad extra'. É preciso ter coragem e audácia para se abrir ao diálogo com o mundo moderno sem romper com a tradição, mas com uma profunda reforma da Igreja em todos os campos" (Brighenti, 2016, p. 8).

Portanto, como apresentamos anteriormente, o modelo de missão colonialista, expansionista e eclesiocêntrica no contexto do Concílio estava em profunda crise e em decadência por causa dos novos valores e percepções. A imagem de Igreja hierárquica que dominava a eclesiologia também precisava passar por reformas e reformulações.

A primeira atitude do Concílio foi revisar e rejeitar a dimensão colonialista da missão, reconhecer a Igreja como povo de Deus e se preocupar com os fundamentos bíblicos e teológicos da missão que a princípio utilizam um novo jeito de ser Igreja e de fazer missão. A reunião buscou voltar às raízes, às fontes da Igreja primitiva com vistas a uma reflexão teológica da ação missionária da Trindade (Pai, Filho e Espírito Santo). Nesse processo encontrou a dinâmica da salvação, a missão que segue a metodologia da *Missio Dei*.[4]

A nova visão de missão *ad gentes* (ou a missão aos povos), iniciada pelo Concílio Vaticano II, motivou a Igreja a olhar cautelosamente as situações e ler os sinais dos tempos. O impulso à abertura missionária iluminou a Igreja para adquirir uma consciência de sua missão

---

3 Bevans e Schroeder (2011) afirmam que 823 bispos que participaram do Concílio vinham de áreas de missão da África, da Ásia e da Oceania.

4 Essa visão trouxe uma forma respeitosa, acolhedora e diferente de valorização da maneira de aproximação dos povos, das culturas e das religiões.

evangelizadora no mundo. Como diz Suess (2007, p. 118), "o Concílio iniciou processos que livraram a missão de fixação a territórios geográficos e fizeram a Igreja descobrir a natureza missionária".

5.2.2 Apontamentos para a missão no Concílio Vaticano II

O Concílio Vaticano II tem um significado para a missão, pois viu como urgente e necessário um olhar pastoral diferenciado com abertura e desprendimento, considerando uma formação particular com mais foco na missão aos povos. A reunião convida a Igreja não somente a uma reflexão missionária, mas também a uma conversão[5], um plano de ação com maior abertura, audácia, empenho e dedicação de seus líderes e de cada cristão à missão *ad gentes*.

Observa-se a urgência da missão da Igreja de anunciar o Reino de Deus, ela é cósmica e deve chegar a todos os povos. Esse é um grande desafio para a Igreja no mundo contemporâneo em que cada um pensa em si próprio e se conforma com o termo abrangente da missão que em todo lugar se pode fazê-la. Desse modo há o perigo de a missão *ad gentes* ser deixada por último ou como tarefa de apenas alguns poucos.

A ideia do Concílio Vaticano II ficou muito mais clara e nítida no Decreto *Ad Gentes* (AG) em que há o apelo a todos os cristãos a assumirem os compromissos não somente com suas comunidades, mas também numa forma mais ampla – abrangendo a participação ativa na vida, cultura e sociedade. O número 12 de AG chama os cristãos a estenderem o serviço para melhorar as condições de vida das pessoas, libertá-las da fome, ignorância e escravidão. Segundo Brighenti (2015),

---
[5] Papa Francisco "propõe um novo modelo, denominado de pastoral de conversão missionária" (cf. Brighenti, 2015, p. 280-302).

esta deve ser uma decisão profundamente missionária e corajosa que promova a cultura da vida na Igreja, principalmente nas estruturas eclesiais, renovando aquelas caducas e ultrapassadas.

Ficou muito mais evidente que com o Vaticano II o jeito de fazer a missão mudou, de fato tomou um novo rumo, uma nova visão, uma clareza e direção. A nova perspectiva de Igreja, afirmada pelo Concílio, trouxe uma passagem radical; como afirma Suess (2007, p. 33), "de uma Igreja que tinha missões, para uma Igreja que vive sua natureza missionária". De fato começaram a aparecer novos rumos, aliás, novos paradigmas de missão, e a Igreja experimentou uma passagem de uma organização estruturada para outra, movida por amor, que sai ao encontro. Com essa perspectiva, o Vaticano II lançou luzes e impulsionou a instituição a abrir as portas e sair em missão. Como observam Bevans e Schroeder (2016), além de abertura, audácia e coragem, a missão exige humildade e entusiasmo nos tempos contemporâneos.

Em suma, o Concílio Vaticano II pretendia revigorar a vida e a atividade da Igreja com os apelos do mundo contemporâneo. Apesar de introduzir as novidades no seu caráter missionário, sempre se mostrou atento quanto ao fundamento dinâmico da missão trinitária. Também teve um olhar missionário mais abrangente que inspirou o ecumenismo e o diálogo inter-religioso, como afirma Jesus na sua oração no evangelho de João: "que todos sejam um [...] para que o mundo creia que Tu me enviaste" (Jo 17,21).

Nesse sentido, observamos que a Igreja que se abre à missão *ad gentes* sai dos muros, revigora-se e tenta se recuperar do fechamento e do isolamento. O convite é de olhar para fora, abrir-se ao outro e ao mundo e com caridade fraterna retomar o caminho da missão universal – eis a proposta radical do Concílio.

5.3 O Decreto Ad Gentes

As ideias de *aggiornamento*, renovação, impulso missionário e luzes lançadas pelo Concílio Vaticano II aparecem concretamente como proposta missionária do Decreto *Ad Gentes*. O documento foi o ponto de reflexão de uma nova era de missão que deu início a uma mudança radical na forma de experienciar a missão. Foi elaborado em um período de contradições, transformações e confusão tanto na sociedade como na Igreja. Teve um processo de construção contraditório com muitas discussões, reflexões e reformulações, que trouxe uma mudança de paradigma da missão, de entendimento dela, do seu objetivo e da forma de realizá-la.

Seguiremos com a análise do decreto a fim de conhecer melhor a dura caminhada de entendimento dos fundamentos teológicos da missão *ad gentes* e a árdua batalha de formular um documento de caráter essencialmente missionário para a atividade missionária da Igreja no mundo.

O decreto inicia destacando que a Igreja, enviada por Deus às nações para ser "o sacramento universal da salvação", esforça-se por anunciar o Evangelho a todos os homens. Raschietti (2011, p. 5) afirma que

> esse título é tirado das primeiríssimas palavras do texto oficial em latim, neste caso: *Ad gentes Divinitus missa* ["Enviado por Deus às nações"]. O sujeito é a Igreja, que é enviada "obedecendo à ordem do seu fundador" e "em virtude das exigências profundas de sua própria catolicidade" (AG 1). *Ad gentes* é predicado, e significa "as nações", "aos povos", entendendo por "povos", especificamente, as populações e os grupos humanos ainda não alcançados pelo testemunho de uma comunidade cristã e pelo anúncio do Evangelho.

Como apontamos, o Concílio Vaticano II ofereceu uma nova forma de perceber a missão, buscando recuperar o verdadeiro sentido dela, bem como o novo entendimento sobre como realizá-la. Apresentou de modo particular o tema aos povos *ad gentes*, propondo algo inovador na perspectiva da Igreja de caráter missionário. Pela primeira vez ressaltou-se que a Igreja se encontra a serviço da missão do Reino de Deus, e não o contrário, perspectiva presente não apenas no Decreto *Ad Gentes*, mas também na maioria dos documentos conciliares.

É certo que antes da versão final do Decreto *Ad Gentes* – sobre a atividade missionária da Igreja – precederam alguns documentos, que deram ponto de partida para resolver as tensões que surgiram ao redor do termo *missão*. A missão passou a receber nova compreensão e significado pelos quais considera que a Igreja não é mais centro da missão nem os territórios missionários, mas a pessoa do missionário e sua experiência profunda de Deus que atrai para assumir a atividade missionária.

5.3.1 Contexto do surgimento do Decreto *Ad Gentes*

O decreto sobre a atividade missionária da Igreja foi redigido durante o período preparatório do Concílio Vaticano II. O momento que antecedeu o evento revelava uma sociedade repleta de mudanças, com diversos acontecimentos que afetaram a humanidade. Tratava-se do período pós-guerra e de avanços tecnológicos, época em que a missão não era vista com bons olhos por causa das falhas ocorridas no entendimento e na maneira de fazê-la. O ponto de partida se deu quando o Papa João XXIII pediu para abrir as janelas a fim de que entrasse um ar fresco.

Souza (2005) coloca a preocupação com uma Igreja envolvida em um cenário de agitações e tensões e um concílio que se preocupava em reconciliar a Igreja Católica com o mundo moderno. Chamou toda a

Igreja a uma renovação e atualização da sua atividade missionária em um mundo modernizado, no qual o cristianismo deveria se fazer presente e atuante. Para isso, eram necessárias transformações profundas na Igreja.

A partir da nova visão, a Igreja sempre orienta os fiéis a lerem os "sinais dos tempos" e reconhecerem a presença do Espírito soprando nos ouvidos dos missionários, bem como a se abrirem e tomarem novas atitudes em relação às outras tradições religiosas e também às igrejas cristãs. Nesse ponto da história, a Igreja reconhece a evolução em seu pensamento no que diz respeito à missão, de exclusivismo ao pluralismo – ou eja, a verdade não é mais propriedade exclusiva da tradição cristã, mas existem povos que a compreendem de forma diferente. Essa compreensão levou a inúmeras discussões e dificuldades de chegar a um acordo na redação do documento sobre a atividade missionária da Igreja.

Algumas marcas foram deixadas pela Segunda Guerra Mundial. Os países colonizados começaram a se revoltar e pedir a independência; a entrada da modernidade na sociedade europeia era realidade e surgiram novas formas de compreender as relações entre os povos de culturas diferentes e também surgiram as novas maneiras de acolher o conteúdo de outras tradições religiosas. A Igreja era, de certa forma, forçada a entrar e a se inserir no contexto do mundo moderno, abraçar uma missão que transcendesse e que se abrisse ao diálogo e à caridade a partir da profunda humildade.

Novas inquietações em torno da atividade missionária, principalmente no contexto plural religioso, vieram à tona. Surgiram inúmeras dificuldades para lidar com o contexto contemporâneo; entretanto, houve uma abertura e um novo impulso em relação à evangelização dos povos, introduzindo uma visão teológica da missão *ad gentes*.

A nova atitude missionária que o Concílio Vaticano II traz é de uma Igreja que nasce da missão, sua essência é do próprio fundador; portanto, sua missão não é diferente, mas igual à de Jesus Cristo. Ela não é dever somente de alguns consagrados, mas de todo batizado (AG, n. 11); não carrega uma atitude de converter, mas de dialogar e de servir, de atrair e de formar a comunidade do povo de Deus; destaca o respeito ao outro, ao diferente, à valorização das culturas, da presença e da ação do Verbo lá presente como uma tarefa a descobrir.

O objetivo da missão, destacada pelo Concílio, não é em primeiro lugar implantar a Igreja no sentido institucional, mas o Reino de Deus. Missão não é imposição, mas quebra de limites e fronteiras para ir às "gentes" testemunhar o amor de Deus no meio do seu povo disperso pelo mundo inteiro.

O Concílio enfatiza que a missão *ad gentes* é o cerne da atividade missionária da Igreja. Todo cristão é discípulo missionário de Cristo, chamado e enviado, parte fundamental, indispensável e de primeira linha para toda a Igreja e para cada cristão. Assim sendo, é amor, compromisso, desprendimento e fé. Coutinho (2008, p. 347) diz que "se alguém não souber como deixar, não saberia também como chegar".

A Igreja que não olha realidades *ad gentes* ou olha e não se vê como parte de sua missão falha com o compromisso missionário que é universal, a todas as pessoas e em todas as realidades. Mesmo que ela esteja se dedicando com ardor aos seus trabalhos internos e que estes sejam necessários, feitos com afinco e perfeição, ainda assim será incompleto se está fechada à graça da renovação missionária que estende o seu amor até os confins da Terra, em todos os contextos.

Restori (2015) destaca que, após 50 anos, o Concílio Vaticano II é um evento atual e relevante para a Igreja Católica, além de referência para que esta dialogue com a realidade atual. O conclave fez correções na maneira de agir e de fazer missão da Igreja, colocando-a em diálogo fraterno com o mundo moderno.

5.3.2 Caminho tortuoso da construção do Decreto Ad Gentes

Pela primeira vez na história dos concílios ecumênicos, o Decreto *Ad Gentes* explicitamente se mostrou dedicado à atividade missionária evangelizadora da Igreja no mundo. Isso se deu ainda que, no percurso histórico, o documento quase foi abandonado durante o Concílio, pois teve uma árdua trajetória até sua aprovação (Bevans, 2013). O processo de redação foi lento e sofrido – oito redações no total – até se chegar a um consenso, pois envolvia a atividade em relação aos outros povos. Havia a "vontade de superar uma concepção focalizada exclusivamente na organização das 'missões' em terras não cristãs, para uma concepção mais ampla e articulada de uma missão global da Igreja no mundo contemporâneo" (Raschietti, 2011, p. 140).

Ad Gentes precisou de membros de todos os continentes, principalmente os representantes da África e da Ásia, devido à realidade da pluralidade religiosa. Foi formada uma subcomissão de cinco pessoas para elaborar um novo esquema, entre as quais o Padre Johannes Schütte, superior-geral da Congregação dos Missionários do Verbo Divino como vice-presidente, Yves Congar e Joseph Ratzinger. O Centro *Ad Gentes*, local de formação permanente da Congregação do Verbo Divino em Nemi, por ser tranquilo e silencioso, foi escolhido para a construção do documento; na preparação deste, estiveram presentes teólogos e peritos distintos como Congar, Joseph Neuner, Glasik e Ratzinger.

Schütte, que teve vasta experiência missionária na China, apresentou o esquema do Decreto *Ad Gentes*, algo como se fosse inédito, que moldaria a atitude da Igreja até então eclesiocentrada para uma Igreja universal verdadeiramente missionária. Dentro desse contexto, no dia 7 de dezembro de 1965, o documento foi aprovado quase com unanimidade com 2.394 votos a favor e somente cinco votos contrários.

5.3.3 Estrutura do Decreto Ad Gentes

O Decreto *Ad Gentes* contém poucas páginas, com seis capítulos densos de conteúdo sobre a atividade missionária da Igreja, uma breve introdução e conclusão. Os capítulos são:

1. Princípios doutrinários;
2. A obra missionária;
3. As Igrejas particulares;
4. Os missionários;
5. A organização da atividade missionária;
6. A cooperação.

A missão como envio é apresentada na introdução do documento, apontando a obediência da Igreja ao mandato do seu fundador – "vai a todos os povos" (Mt 10,6). Com isso, o Decreto estabelece que o Reino de Deus se difunda a todos os povos e nações e além-fronteiras.

O primeiro capítulo apresenta o **embasamento teológico com princípios doutrinários da missão**. Inicia a frase: "A Igreja peregrina é por natureza missionária. Pois ela se origina da missão do Filho e da missão do Espírito Santo, segundo o desígnio de Deus Pai" (AG, n. 2); assim, nos leva à fonte da missão. Com isso se percebe que a atividade missionária nada mais é do que uma manifestação da vontade de Deus que se cumpriu na história da humanidade. Nesse sentido, reconhece-se a epifania, ou seja, a presença invisível de Deus em cada cultura.

O segundo capítulo destaca os **aspectos práticos da missão**: as obras, o testemunho de vida e diálogo, a presença de caridade, o anúncio e a formação cristã. Os números 11 e 12 do documento sinalizam a importância do testemunho de vida como cristão, em seguida 13 e 14 ressaltam a necessidade de pregar o Evangelho e de 15 a 18 tratam sobre a formação missionária da comunidade cristã. É interessante notar os aspectos da atividade missionária entre as pessoas de outras religiões, as que não acreditam em Deus e também aquelas que perderam a fé em Deus, apontando a necessidade de diálogo de naturezas diferentes.

O terceiro capítulo trata das **Igrejas particulares e da ação missionária do clero local na promoção dos leigos e recursos materiais.** Elas devem ter direito próprio e ser tratadas para lidar com os assuntos locais particulares.

O quarto capítulo, por sua vez, aborda a **dimensão da formação da pessoa do missionário em diversos aspectos: vocação, mística e espiritualidade e formação.** Nele são oferecidas pistas para ajudar a preparar futuros missionários, sejam sacerdotes, sejam homens e mulheres consagrados, sejam leigos/as de todos os lugares. O missionário deve estar preparado tanto para ir além-fronteira quanto para desenvolver a missão na Igreja local; portanto, precisa de preparação, treinamento espiritual, psicológico, moral, teológico, missionário, antropológico, das ciências sociais e mais a linguística (AG, n. 25-26).

O quinto capítulo aponta para a organização da atividade missionária e faz apelo a diversas organizações e institutos pontífices a colaborarem na missão.

No sexto e último capítulo, o tema é a **cooperação missionária**, ou seja, o dever de cada batizado na Igreja de Jesus Cristo. Começa com a formação e inclui o papel da Igreja, o dever dos bispos, sacerdotes, religiosos e religiosas ativos e contemplativos e dos leigos. Também apresenta universalidade da missão com a presença em todos os continentes. Na conclusão do documento, é feita uma saudação, lembrando especialmente os missionários em terra de missão sofrendo perseguições. Afirma mais uma vez a importância da participação de toda a Igreja e reconhece que a missão é uma obra de Deus – *Missio Dei*.

Percebemos que todo o decreto liga aos demais textos conciliares as reflexões teológicas e pastorais sobre a missão. Afirma também que toda a Igreja precisa passar por uma conversão, por um processo de revisão eclesial a fim de ser uma presença efetiva no mundo. Como observa Suess (2007), o documento propôs a ênfase e a centralidade da missão, do ser missionário da Igreja e do dever de cada cristão no mundo. Com isso surgiu algo novo – "novo paradigma" – em que o entendimento da missão se encontra na essência da Trindade em movimento em saída que transborda de amor pela humanidade. Traz a compreensão de que missão é, antes de tudo, a dinâmica da missão de Deus – *Missio Dei*.

5.4 Documentos missionários após o Concílio Vaticano II

Após o grande impulso do Concílio Vaticano II, as portas foram abertas para uma nova maneira de compreender e fazer missão. Alguns documentos vieram a reforçar os apelos missionários feitos no Decreto *Ad Gentes*. Por exemplo: os aspectos que foram enfatizados são: a missão a todos os povos; a natureza missionária da Igreja; a missão como o primeiro anúncio; e a missão como o dever de todos os batizados. Além disso, os documentos posteriores enfatizaram a reflexão do ecumenismo e diálogo-inter-religioso e as novas formas que devem ser utilizadas na realização da missão no mundo contemporâneo.

Apresentaremos sucintamente os documentos pós-conciliares que reforçaram e expandiram a ideia de missão do Decreto *Ad Gentes*: *Evangelii Nuntiandi*, *Redemptoris Missio* e Diálogo e Anúncio.

5.4.1 Evangelii Nuntiandi

A Exortação Apostólica *Evangelii Nuntiandi* (EN, 1975), sobre a evangelização no mundo contemporâneo, foi elaborada nos tempos de desânimo entre os missionários. A nova compreensão da missionariedade do Decreto *Ad Gentes*, segundo a qual todos são salvos, inclusive as pessoas de outras culturas e religiões, levou os missionários fervorosos do antigo modelo – que defendia que somente os batizados eram salvos – a sentirem que estavam perdendo tempo nos territórios da missão. O novo entendimento que o Concílio Vaticano II lançou foi o de que todas as culturas são boas e a partir da boa conduta pode se atingir a Deus sem se pertencer a uma estrutura eclesial.

O contexto da missão era de grande preocupação no sentido de encontrar os mecanismos do anúncio do Evangelho às pessoas modernas numa sociedade modernizante. Enfrentando muitas desistências dos missionários numa época de incertezas, o documento ofereceu algumas orientações. Conforme afirma Andrade (2008, p. 199), "*Evangelii Nuntiandi* focalizou uma atenção especial para a evangelização através de três palavras-chaves: inculturação, libertação e diálogo, quer dizer, inculturação da palavra de Deus nas culturas, libertação evangélica das culturas e evangelização respeitosa das culturas".

A Exortação EN parece dar continuidade à compreensão da Igreja sobre missão além da proclamação de primeira evangelização aos que não conhecem a boa nova de Jesus. Citando Bevans e Schroeder, Almeida (2017, p. 49) apresenta três aspectos da dimensão missionária:"A primeira é que a Igreja por sua natureza missionária tem a missão de continuar a missão de Jesus. A segunda, que a atividade missionária é realizada por meio do testemunho pessoal e da comunidade cristã. E a terceira, que a evangelização das culturas precisa ser dialógica e libertadora".

O Evangelii Nuntiandi aponta que a Igreja deve se colocar à disposição de ir por todo mundo e afirma que

> "a obra da evangelização é um dever fundamental do povo de Deus" (EN, n. 59). Ao mesmo tempo ressalta que a missão não é privilégio exclusivo dos escolhidos na escala hierárquica da Igreja, mas sim uma vocação, o chamado que também envolve todos os batizados (EN, n. 15). O documento esclarece e faz solicitação direta aos institutos de vida religiosa ativa sejam elas de espiritualidade missionária ou não de alargar suas atividades para terras de missões ad gentes (EN, n. 40).

Desse modo, a responsabilidade é dada para todos, inclusive para a vida religiosa apostólica que se encontra diretamente envolvida nos territórios da missão, isto é, com os povos de culturas diferentes.

5.4.2 *Redemptoris Missio*

Um dos documentos importantes que apareceu numa época em que a humanidade se encontrava multipolarizada e em movimento foi a Encíclica *Redemptoris Missio*, publicada para celebrar 25 anos de Decreto *Ad Gentes* e para fornecer nova visão à missão. A novidade foi a utilização do termo *evangelização*, por vezes substituído por *missão*. Como aponta Almeida (2017, p. 51), o apelo já aparece no início do texto:

> a queda de ideologias e sistemas políticos opressivos; o aparecimento de um mundo mais unido, graças ao incremento das comunicações; a afirmação, cada vez mais frequente entre os povos, daqueles valores evangélicos que Jesus encarnou na sua vida: paz, justiça, fraternidade, dedicação aos mais pequenos; um tipo de desenvolvimento econômico e técnico sem alma, que, em contrapartida, está a criar necessidade da verdade sobre Deus, o homem

e o significado da vida. Deus abre, à Igreja, os horizontes de uma humanidade mais preparada para a sementeira evangélica. Sinto chegado o momento de empenhar todas as forças eclesiais na nova evangelização e na missão *ad gentes*. Nenhum crente, nenhuma instituição da Igreja se pode esquivar deste dever supremo: anunciar Cristo a todos os povos. (RMi, n. 1)

Redemptoris Missio menciona os membros das instituições religiosas missionárias e sua "vocação especial" para a vida consagrada e pede que eles se dediquem de forma integral às atividades missionárias no processo de evangelização. O apelo é feito aos missionários para que vão até os confins da Terra, realizem a missão que foi confiada diretamente aos apóstolos e estendida para nós pelo próprio Jesus Cristo. A encíclica também faz um convite à Igreja para um renovado empenho missionário. As novas direções de RMi vão além de EN, conforme aponta Andrade (2008, p. 199), "anunciando mais três aspectos-chaves: Encarnando o Evangelho na cultura do povo, Diálogo com os nossos irmãos e irmãs de outras religiões e promovendo o desenvolvimento através da formação da consciência".

O documento compreende oito capítulos, dando importância aos aspectos mais relevantes como evangelizar a partir do testemunho de vida diante de diversas contradições e apelando para que esse testemunho seja profético e corajoso (RMi, n. 42-43). Algumas orientações foram inseridas em relação aos contextos da missão – encarnar o Evangelho nas culturas dos povos, promover o diálogo ecumênico e inter-religioso e promover a educação das consciências e a caridade – e são parte da ação evangelizadora da Igreja (RMi, n. 60). Assim, a missão abraça todas as situações que gritam por respeito, dignidade, vida e liberdade e rompe com a ideia de fronteiras territoriais a fim de envolver todos os tipos de fronteiras existenciais.

5.4.3 Diálogo e Anúncio

Um dos documentos originados após *Redemptoris Missio* é Diálogo e Anúncio (DA, 1991). O objetivo dele foi dar continuidade ao anterior – "Diálogo e Missão", de 1984 – e apontar que a humanidade é tão plural no campo religioso que o diálogo inter-religioso deve ser parte integrante da atividade missionária da Igreja.

O documento reconhece que o diálogo é imprescindível para a transmissão dos valores do Evangelho, mas chama a atenção a respeito do fato de que a missão não se limita a ele, mas o transcende e assimila a dimensão do anúncio. Os números 36 e 38 de DA destacam que a raiz do diálogo e do anúncio está em Deus e em sua atividade salvadora:

> A razão fundamental do empenho da Igreja no diálogo não é meramente de natureza antropológica, mas principalmente teológica. Deus, num diálogo que dura ao longo dos tempos, ofereceu e continua a oferecer a salvação à humanidade. Para ser fiel à iniciativa divina, a Igreja deve, pois, entrar num diálogo de salvação com todos. (DA, n. 38)

De forma clara, Diálogo e Anúncio é apresentado em três partes distintas: a primeira trata sobre como o diálogo deve ser; a segunda contempla o anúncio da riqueza do Evangelho; e a terceira oferece pistas para compreender a relação entre diálogo e anúncio e como isso ocorre.

O diálogo sempre exige certo equilíbrio e abertura para acolher o outro, respeitando as diferenças. Como ressalta o número 48 de DA, "os cristãos não se devem esquecer que Deus também se manifestou de certo modo aos seguidores das outras tradições religiosas". O número 76, por sua vez, afirma que o "anúncio é um dever sagrado", pois preserva a dimensão da identidade cristã enquanto desenvolve o diálogo. Veja o que apontam Bevans e Schroeder (2016, p. 226): "A missão está no centro do ensinamento teológico e os cristãos certamente devem sempre respeitar as culturas, religiões e contextos em que vivem, assim como as pessoas entre as quais trabalham. Sua atitude básica deve ser de diálogo".

Assim, com base nesse documento, a Igreja e todos os cristãos estão convocados a se empenhar nos "dois caminhos para cumprir a missão única da Igreja, ou seja, o anúncio e o diálogo. O como desempenhá-lo dependerá das circunstâncias e do grau de preparação" (DA, n. 78). É preciso ter sempre em mente o diálogo e o anúncio e saber que um não substitui o outro.

5.5 Missão na América Latina

Logo após o Concílio Vaticano II, diversos documentos foram apresentados na América Latina nas Conferências dos Bispos da América Latina e Caribe, promovidas pelo Conselho Episcopal Latino-Americano (CELAM) – Medellin (1968), Puebla (1979), Santo Domingo (1992) e Aparecida (2007). Cada documento procurou apresentar o conteúdo do Concílio conforme os contextos históricos dessa região. Não iremos nos debruçar sobre todos, mas somente o "Documento de Aparecida", que possui certa relevância ao contexto brasileiro na atividade missionária contemporânea.

5.5.1 Documento de Aparecida

A V Conferência Geral do Episcopado Latino-Americano e do Caribe, realizada em Aparecida (SP) entre 13 e 31 de maio de 2007, produziu o Documento de Aparecida, um texto conclusivo que faz apelos no sentido de se repensarem os rumos da missão nas novas circunstâncias latino-americanas. A palavra-chave é *discípulo missionário*, mostrando que a América Latina amadureceu na fé ao longo dos 500 anos e que agora está pronta para enviar os missionários seguindo os passos de Jesus, o "seguidor do Pai".

A Conferência de Aparecida herdou do Concílio Vaticano II a visão de uma Igreja que é por natureza missionária (cf. DAp, n. 347) e aponta a passagem de uma missão territorial para outra, essencial de todos os batizados. Conforme assinala Raschietti (2011), a missão se tornou paradigma-síntese em dois sentidos: primeiramente, assume a caminhada da América Latina com seus paradigmas de descolonização, opção pelos pobres e libertação, participação e inculturação; e em segundo lugar, sintetiza as propostas de DA sob o prisma da missão.

Podemos perceber que no DAp a missão representa um processo sem fim, que tem Deus como origem e se traduz na aproximação samaritana e presença profética nas comunidades em suas lutas por justiça e reconhecimento e na construção de um mundo para todos. Para tal procedimento, o Documento de Aparecida apresenta a operacionalização da natureza missionária da Igreja em cinco círculos concêntricos:

- missão aos corações;
- missão paroquial;
- missão continental;
- missão *ad gentes*;
- missão universal.

No contexto da **missão aos corações**, o Papa Bento XVI (DAp, n. 375) aponta que

> o campo da Missão *ad gentes* se tem ampliado notavelmente e não é possível defini-lo baseando-se apenas em considerações geográficas ou jurídicas. Na verdade, os verdadeiros destinatários

da atividade missionária do povo de Deus não são só os povos não cristãos e das terras distantes, mas também os campos socioculturais, e sobretudo os corações.

Nesse sentido, podemos afirmar que as pessoas têm coração, ao passo que as estruturas, não; e a missão é uma questão de coração.

Sobre a **missão paroquial**, o documento destaca que a paróquia é chamada a se tornar "comunidade de comunidades" (DAp, n. 309 e n. 517e), "comunidade missionária" (DAp, n. 168) e lugar de formação permanente (cf. DAp, n. 306), que seja menos uma estrutura e mais uma comunidade que esteja atenta à vida (cf. DAp, n. 225). A comunidade é feita de pessoas e de relações. As relações são estabelecidas mediante a participação nas atividades litúrgicas, catequese e outras celebrações.

Uma nova dimensão foi introduzida no campo da **missão** *ad gentes*, e o continente latino-americano foi considerado terra de missão de naturezas diferentes, posteriormente foi chamado de "nova evangelização entre os cristãos culturais" (cf. SD, n. 24) e "reevangelização entre os não praticantes" (RMi, n. 33 e n. 37). Essa nova forma de abordar a missão parecia ser urgente do tempo presente: uma missão de reconquista, ou seja, trazer de volta aqueles fiéis que haviam abandonado a Igreja. Para tal propósito, essa ideia foi elaborada como plano de **missão continental** a partir de um projeto de animação missionária continental.

Isso se deu em virtude da preocupação da Igreja latino-americana em formar discípulos missionários para sair no mundo reavivando a fé e a esperança do povo de Deus a fim de que continue sendo luz e testemunhas de Jesus Cristo. A Igreja deseja caminhar ao lado e com seu povo diante dos desafios para ser esperança e consolo. De acordo com Raschietti (2013, p. 2), não devemos entender a Missão Continental como uma restrição do horizonte missionário, dos confins da terra ao redil geográfico do subcontinente, mas, muito pelo contrário, como um processo de profunda transformação das Igrejas latino-americanas em todas as direções indicadas por Aparecida, à luz do paradigma de missão. O adjetivo "continental", neste caso, não designa os horizontes da missão, e sim o sujeito: a missão das igrejas do Continente, no Continente, para o Continente e a partir do Continente.

Cresceu a importância do Decreto *Ad Gentes*, e o debate sobre seu conteúdo se intensificou nos últimos anos; a dimensão territorial da missão veio a ser questionada e com isso a questão da primeira evangelização. Novas fronteiras missionárias surgiram devido à modernidade e trouxeram desafios como missão na cidade, múltiplos rostos das juventudes, múltiplas pertenças religiosas ao mesmo tempo, complexidade das migrações, novas formas das comunicações, da cultura, da política, da economia; tudo isso influenciou a Igreja tanto na compreensão quanto no modo de abordar a missão *ad gentes*. Os documentos posteriores ao Concílio afirmam tal missão como missão para a humanidade, e o DAp acompanha esse raciocínio.

Por fim, o conforme aponta o número 37 de *Ad Gentes*, o aspecto da **missão universal** se encontra na compreensão de que a graça da renovação não pode crescer nas comunidades, a não ser que cada uma dilate o campo da sua caridade até os confins da terra e tenha igual solicitude pelos que são de longe e pelos que são os próprios membros. O mundo espera da Igreja latino-americana e caribenha um compromisso mais significativo com a missão universal em todos os continentes. "Para não cairmos na armadilha de nos fechar em nós mesmos, devemos formar-nos como discípulos missionários sem fronteiras" (DAp, n. 376).

O texto contém "numerosas e oportunas indicações pastorais, motivadas por ricas reflexões à luz da fé e do atual contexto social" (CELAM, 2008, p. 7). Expressa prioridade à eucaristia, à formação cristã, à realização de uma missão no continente americano que se estende à missão universal da Igreja no intento de fazer dos seus membros "discípulos missionários de Cristo, caminho, verdade e vida, para que Nele todos os povos tenham vida" (DAp, n. 1).

O DAp também convoca os fiéis a estarem conscientes do seu chamado acolhido no batismo para se abrirem ao novo período da história, principalmente nos contextos de turbulência social e política que levam as pessoas a manterem distância de Deus. A Igreja não ignora as complexidades do mundo nem as novas ideologias seculares e entra com fé e coragem para enfrentar com carinho e firmeza esse cenário. Os fiéis são chamados como discípulos missionários a propagar o Reino de Deus e assim ajudar as pessoas a escolherem o caminho que leva à vida, à verdade e ao amor (DAp, n. 13).

Os bispos que participaram da Conferência de Aparecida estavam cientes da realidade da América Latina e de seu processo de globalização que exclui os pobres como descartáveis (DAp, n. 65). Ao tratar da exclusão social e fazer críticas ao sistema capitalista e comunista, eles apelaram para a integridade social, apontando o seguimento de Jesus como discípulo missionário e conscientemente fazer a "opção pelos pobres e excluídos" que "marca a fisionomia da Igreja latino-americana" (DAp, n. 399). A opção pelos pobres exige atravessar todas as estruturas e prioridades pastorais, passando de uma "pastoral de conservação a uma pastoral decididamente missionária" (DAp, n. 370).

O documento aponta que os discípulos missionários devem passar à "outra margem", ou seja, ir além das fronteiras; nesse sentido, a missão universal da Igreja não se limita geograficamente, mas deve atingir todos os continentes (DAp, n. 376). Os bispos afirmam que a pobreza consiste na partilha, inclusive a da fé (DAp, n. 379). O documento reforça que a fé se fortalece quando se partilha e espera que o continente latino-americano envie os missionários a cada canto do mundo (DAp, n. 379).

O Concílio Vaticano II mostrou que a Igreja peregrina é missionária por sua própria natureza. Os padres conciliares reconheceram que a fonte da missão é a Santíssima Trindade, pois é da missão do Filho e da missão do Espírito Santo que ela toma sua origem, de acordo com o Decreto de Deus Pai (AG, n. 2). Isso foi reiterado por Paulo VI em *Evangelii Nuntiandi* – "Evangelizar constitui, de fato, a graça e a vocação própria da Igreja, a sua mais profunda identidade. Ela existe para evangelizar" (EN, n. 14) – e por João Paulo II em *Redemptoris Missio* – "A Igreja é missionária por sua própria natureza" (RMi, n. 49 e n. 62). O tema também foi aprofundado no documento Diálogo e Anúncio: "todos os cristãos são chamados a estar pessoalmente empenhados nestes dois caminhos para cumprir a missão única da Igreja, ou seja, o **anúncio** e o **diálogo**" (DA, n. 82, grifo do original).

O Documento de Aparecida convida os fiéis a serem discípulos missionários e partir para cinco âmbitos da missão, iniciando aos corações até missão universal, a fim de sair até os confins do mundo, levar o amor e a alegria que somente Cristo pode oferecer em plenitude. Chama a buscar novos caminhos para que cheguem a todos o dom da graça e o da misericórdia.

Síntese

Buscamos sustentar neste capítulo a relevância e o valor do Decreto *Ad Gentes* para a Igreja no mundo contemporâneo encontrados no desdobramento da missão *ad gentes* nos documentos pós-conciliares. Para tal procedimento apresentamos em primeiro momento os contextos anteriores ao Concílio Vaticano II e, logo em seguida, de maneira detalhada, o principal documento da missão, o Decreto *Ad Gentes*, que marcou um ponto de reflexão da história da percepção católica da missão. É como se fosse o documento missionário "mãe", e foi tão valido que nenhum outro de cunho missionário que veio após deixou de mencioná-lo e citá-lo quando se fala da missão universal da Igreja. Podemos dizer que *Ad Gentes* foi o começo de uma reflexão teológica da ação missionária que se vai completando, aprofundando e estendendo em outros documentos até a atualidade.

Apresentamos de forma sucinta os documentos *Evangelii Nuntiandi*, *Redemptoris Missio* e Diálogo e Anúncio para afirmar a dimensão da continuidade da proposta do Decreto *Ad Gentes*. Contextualizamos a missão para a América Latina com base no Documento de Aparecida, mostrando a urgência da missão no mundo contemporâneo.

Indicação cultural

ANUNCIAMOS Jesus – Ad Gentes: atividade missionária da Igreja. Disponível em: <https://www.youtube.com/watch?v=mDD1a0Lp0IA>. Acesso em: 29 nov. 2018.

Esse pequeno vídeo fundamenta toda a atividade missionária e apresenta a partilha da experiência em Moçambique e também na Região Amazônica.

Atividades de autoavaliação

1. Sobre o Concílio Vaticano II, quando e onde foi o anúncio do conclave e qual foi a palavra-chave dessa convocação?

   a) O anúncio do Concílio Vaticano II se deu na festa da conversão do apóstolo Paulo, em dia 25 de janeiro de 1959, na Basílica de São Paulo Fora dos Muros, em Roma. A palavra-chave foi *aggiornamento*.

   b) O anúncio do Concílio Vaticano II ocorreu na festa de São Pedro e São Paulo no dia 29 de junho de 1960, na Basílica de São Pedro, em Roma. A palavra-chave foi *aggiornamento*.

   c) Não houve anúncio para o Concílio Vaticano II.

   d) O anúncio do Vaticano II se deu foi na festa da conversão do apóstolo Paulo, dia 25 de janeiro de 1959, na Basílica de

São Paulo Fora dos Muros, em Roma. A palavra-chave foi *eclesiologia*.

2. Sobre o Decreto *Ad Gentes*, analise as afirmações a seguir e marque V para a(s) verdadeira(s) e F para a(s) falsa(s):
   ( ) O Decreto *Ad Gentes* reconhece que a Igreja por natureza é missionária.
   ( ) O Decreto *Ad Gentes* não reconhece que a Igreja por natureza é missionária.
   ( ) O Decreto *Ad Gentes* reconhece que a Igreja por natureza é divina e humana, e não missionária.
   ( ) O Decreto *Ad Gentes* foi elaborado pelo Concílio de Trento, e não pelo Vaticano II.

   Assinale a alternativa que apresenta a sequência correta:
   a) V, F, F, F.
   b) F, V, F, F.
   c) F, F, F, V.
   d) V, V, F, F.

3. Sobre o Documento de Aparecida (DAp), assinale a alternativa correta:
   a) O DAp apresenta a operacionalização da natureza missionária da Igreja em cinco círculos concêntricos: missão aos corações, missão paroquial, missão continental, missão *ad gentes* e missão *ad intra*.
   b) O DAp apresenta diversas operacionalizações, entre as quais as mais importantes são duas: missão universal e missão aos corações.
   c) O DAp apresenta a operacionalização da natureza missionária da Igreja em cinco círculos concêntricos: missão aos corações,

missão paroquial, missão continental, missão *ad gentes* e missão universal.
d) O DAp apresenta somente três círculos concêntricos: missão *ad gentes*, missão continental e missão asiática.

4. Três documentos pós-Concílio Vaticano II tratam extensivamente sobre a missão. Estamos falando de:
   a) *Evangelii Nuntiandi*, Diálogo e Anúncio e *Laudato Si'*.
   b) *Evangelii Gaudium*, *Redemptoris Missio* e *Laudato Si'*.
   c) *Evangelii Nuntiandi*, *Redemptoris Missio* e Diálogo e Anúncio.
   d) Decreto *Ad Gentes*, *Nostra Aaetate* e *Redemptoris Missio*.

5. Sobre o Documento de Aparecida (DAp), analise as alternativas e marque a correta:
   a) O intento principal do Documento de Aparecida é converter todo o mundo para a religião católica.
   b) O intento principal do Documento de Aparecida é fazer dos seus membros "discípulos missionários de Cristo, caminho, verdade e vida, para que Nele todos os povos tenham vida" (DAp, n. 1).
   c) Não existe a expressão *discípulo missionário* no Documento de Aparecida.
   d) O intento principal do Documento de Aparecida é fazer dos seus membros discípulos missionários de Cristo e depois simplesmente deixá-los sozinhos.

Atividades de aprendizagem

Questões para reflexão

1. Com base no que estudamos no capítulo a respeito da importância do missionário, responda: que elementos devem se destacar nas estratégias e nas ações desenvolvidas por ele?

2. É notória a importância do Decreto *Ad Gentes*, que marcou um ponto de reflexão da história da percepção católica da missão. Reflita e comente as razões pelas quais tal documento foi tão significativo para a Igreja.

Atividades aplicadas: prática

1. Visite uma região periférica da cidade, seja um assentamento, seja um bairro da cidade, que de fato necessite do apoio missionário da Igreja. Faça um levantamento tanto no campo social como no campo religioso e anote os resultados, levando em conta as imagens dos moradores da periferia e as formas pelas quais essa comunidade elabora a vida. Em um segundo momento, converse com algumas pessoas desse bairro e pergunte a elas sobre as necessidades específicas do local.

   a) Que aspectos você observou na sua visita que lhe trouxeram preocupações reais?

   b) De que forma você e seus colegas poderão se tornar missionários naquela realidade?

2. Partilhe sua experiência na sala de aula com todos os seus colegas. Em seguida, convide-os a identificar o modo pelo qual poderão ajudá-lo na tentativa de se tornar missionário no contexto encontrado na visita.

3. Em um terceiro momento, desenvolva alguma ação concreta para os moradores que você visitou e comunique a eles a decisão tomada pelos seus colegas.

6
Novo paradigma da missão: discernimento na ação missionária

O mundo contemporâneo oferece um terreno bastante fértil para a missão com múltiplas fronteiras e, ao mesmo tempo, encontra novos paradigmas para responder aos clamores dessas fronteiras. Entende-se *novo paradigma* como o ato de lidar de forma nova com as situações de missão, que são diversas e complexas. A missão no Brasil apresenta a dimensão universal – podemos identificar isso como a graça divina, pois as situações missionárias internas estão abrindo essa possibilidade. A vocação missionária é um chamado para enfrentar os desafios dos tempos atuais. A partir disso, continuar o projeto de Deus, que é o Reino de Deus, atinge cada camada da sociedade, inclusive as pessoas de distintas culturas e tradições religiosas.

Dentro desse contexto, pretendemos abordar neste capítulo três aspectos distintos: o primeiro é o modo de fazer a passagem do eclesiocentrismo ao reinocentrismo, na tentativa de introduzir o diálogo profético como novo paradigma da missão[1]; o segundo trata do discernimento missionário com base nos seis elementos importantes da missão (testemunho e proclamação; liturgia e oração e contemplação; justiça, paz e integridade da criação; diálogo inter-religioso; inculturação; reconciliação); e o terceiro aponta as exigências atuais de elaborar a missão contemporânea. Concluímos com a apresentação de três imagens bíblicas como pistas concretas para a realização da missão.

6.1 Compreensão do novo paradigma da missão

A universalidade da missão apresentada na expressão *ad gentes* indica o mandato explícito de Jesus de anunciar a boa nova a toda a humanidade e a vontade de Deus de salvar todos os seres humanos. A compreensão do anúncio pressupõe duas vertentes: a primeira tem por alvo o povo eleito – os cristãos –, aqueles que aderiram à fé na pessoa de Jesus; a segunda é direcionada aos pagãos, principalmente aos que não conhecem a Jesus. A compreensão é que o propósito de toda missão é trazer o rebanho para a tradição cristã a partir do batismo.

---

[1] Os conceitos de **eclesiocentrismo** e o de **reinocentrismo** são importantes na atualidade quando se trata da missão. *Eclesiocentrismo* se define quando a Igreja institucionalizada se encontra no centro e organiza suas atividades a partir dele. Por sua vez, o *reinocentrismo* surgiu no contexto da pluralidade cultural e religiosa e aponta para a pessoa de Jesus de Nazaré e suas atividades durante seu ministério no centro. Podemos compreender também o reinocentrismo como bem-estar de todos em todas as dimensões.

6.1.1 Do eclesiocentrismo ao reinocentrismo

A passagem da ideia da missão do eclesiocentrismo ao reinocentrismo se encontra no interior do Concílio Vaticano II. A vertente eclesiocêntrica ficou marcada por um senso de superioridade e negação do conteúdo religioso do outro, promovendo a expansão colonial. Entretanto, conforme observa Raschietti (2011, p. 3),

> a missão aos povos, na mudança de época, exige, como preconiza o Concílio Vat. II, a instauração de "uma ordem de relações humanas" que, por sua vez, convoca a Igreja para um "novo Pentecostes" e "um salto adiante" capaz de recriar uma nova e "simpática relação com a humanidade, a fim de colocá-la em contato com as energias vivificadoras e perenes do Evangelho".

O reinocentrismo nada mais é que viver a proposta de Jesus. Entende-se *reino* como o bem-estar de todos, em todas as dimensões que vão além da nossa crença, etnia e cultura. Dessa forma, faz parte do processo da inclusão do diferente, que de certa forma está ausente ou menos contemplado no paradigma anterior.

6.1.2 De ad gentes a inter gentes

Compreendemos a missão *ad gentes* como "missão aos povos", relacionada à atividade missionária num contexto sociocultural de pluralidade das tradições religiosas. Os missionários sempre precisam se deslocar enquanto vão para outras terras – podemos identificar isso como um movimento transcultural. Esse modo de realizar a missão está intimamente vinculado à natureza missionária da Igreja. De fato, a missão *ad gentes* contribuiu imensamente para sustentar a missionariedade eclesial, mas com o foco da dimensão universal da qual a Igreja se torna testemunha profética.

A missão *inter gentes*, por sua vez, traz uma nova percepção: teve origem no contexto da diversidade asiática.[2] Esse conceito pressupõe que a missão cristã na Ásia se encontra nas mãos dos asiáticos e mais bem articulada como *missio inter gentes* do que *missio ad gentes*. A realidade da missão asiática se situa entre as grandes tradições religiosas, que são instrumentos do encontro salvífico de Deus com seus adeptos. Portanto, no contexto pluralístico das tradições, a missão é criar o Reino de Deus, estabelecendo a unidade não entre as religiões, mas entre as pessoas crentes. As outras religiões são companheiras contra as estruturas opressivas.

Desse modo, se o conceito *ad gentes* pressupõe a dimensão da superioridade da revelação e da própria cultura e a submissão e inferioridade cultural do outro, *inter gentes* pressupõe troca, igualdade e processo de dar e receber.

6.1.3 Missão como diálogo profético

Missão como diálogo profético é a nova forma de compreender a missão e nela atuar na complexa realidade do mundo contemporâneo. Esse paradigma aponta para duas direções específicas: a palavra *diálogo* remete à missão no contexto asiático, sendo o continente o berço de grandes tradições religiosas; portanto, exige a dimensão do diálogo a partir do reconhecimento dessas manifestações e a reciprocidade na atividade missionária.

A América Latina, apesar de ter um ambiente predominantemente cristão, politicamente experimentou a opressão política e também a realidade da pobreza nas periferias de grandes cidades. Esse contexto parece ter dado origem à palavra *profético*, visando à dimensão

---

2 O conceito parece ter sido inventado por William Burrow em resposta a Michael Amaladoss em 2001, devido à complexa vivência plural do contexto asiático.

profética, que fala abertamente e anuncia o Evangelho como caminho da conversão.

Portanto, é necessário dialogar profeticamente e caminhar rumo à dimensão global da missão contemporânea. Percebemos isso na observação de Raschietti e Andrade (2016, p. 9):

> "Diálogo profético" é uma categoria de síntese sobre complexidade da missão hoje. Esta expressão surgiu da reflexão missiológica na Congregação dos Missionários do Verbo Divino, durante o XV Capítulo Geral no ano 2000 em Roma. Essa é a maior congregação, especificamente missionária *ad gentes* da Igreja católica. Os missionários que atuavam em países asiáticos sustentavam que a missão é antes de tudo diálogo, enquanto, para os missionários da América Latina, a missão é profecia contra as estruturas de opressão que geram pobreza.

O conceito novo da missão como o diálogo profético foi proposto por dois missiólogos americanos, Stephen Bevans e Roger Schroeder, da Congregação do Verbo Divino. Eles apontam a necessidade de abordar a missão com humildade e profundo respeito ao outro que é diferente de nós. Como afirma Pernia (citado por Raschietti; Andrade, 2016, p. 9),

> a atitude de abertura e respeito para as culturas de outros povos é uma necessidade e um dever, [...] a verdadeira evangelização implica não a imposição da mensagem do Evangelho, mas sua redescoberta de dentro das culturas dos povos [...], pelo qual a mensagem do evangelho não vem, simplesmente, de "paraquedas" do exterior, mas entra em diálogo [...], por meio do qual o missionário está pronto, não só para mudar as pessoas, mas também mudar a si mesmo [...].

O diálogo é uma atitude de "solidariedade, respeito e amor" (GS, n. 3), que deve permear todas as nossas atividades missionárias. Limitados que somos, devido a nossos pontos de vista pessoais e culturais, nenhum de nós alcançou a verdade total, que somente Deus possui e que nos foi revelada em Cristo. Juntos e em diálogo, nós a buscamos (DA, n. 1 e n. 54). A profecia é a dimensão do olhar para a realidade, a partir dos olhos de Deus. Para que isso aconteça, o profeta deve escutar a Palavra de Deus e proclamá-la conforme os contextos. Assim aponta Diálogo e Anúncio: "O que espera de nós é: escutá-la, segui-la, testemunhá-la e proclamá-la, sem medo de denunciar aquilo que se opõe ao evangelho e ao reino" (DA, n. 2 e n. 31).

No mundo atual, "o diálogo deve ser sempre profético" (DA, n. 2 e n. 30). "O diálogo profético implica ter a coragem para criticar as situações injustas e de pecado, como fizeram os profetas e o próprio Jesus, embora as consequências possam ser de marginalização e perseguição e também pode ser a morte" (DA, n. 2 e n. 33). Embora o nosso diálogo seja profético, ele inclui sempre "os três aspectos que são conhecidos no pensamento e na prática da libertação: anunciar, denunciar e convocar" (DA, n. 2 e n. 35).

Dessa forma, percebemos que a compreensão da missão como diálogo profético se refere à melhor e profunda percepção da missão do novo milênio. As Constituições, as declarações capitulares da Congregação do Verbo Divino e os documentos da Igreja convidam a Igreja ao diálogo para testemunhar a verdadeira luz, no diálogo sincero (Constituições do Verbo Divino, n. 114); com a mente aberta e o respeito profundo pelas tradições religiosas do povo, elaborar o diálogo com todos, apresentando a proposta da boa nova de Deus (Constituições do Verbo Divino, n. 103). Segundo GS (n. 3), o diálogo é uma atitude de solidariedade, respeito e amor que permeia todas as atividades da missão.

Portanto, podemos observar que a compreensão do diálogo profético reduziu a tensão somente depois de conhecer as tarefas específicas dos dois conceitos. A missão como *diálogo* aponta ao reconhecimento e à aceitação de diversas culturas e à necessidade de fazer as trocas; já a missão como *profecia* fala do anúncio do Evangelho como caminho da conversão. Assim, podemos perceber a missão como diálogo profético. De acordo com Raschietti e Andrade (2016, p. 11),

> Os tempos atuais apontavam para uma missão de diálogo e não de anúncio; de libertação e não de salvação; na perspectiva do Reino e não na fundação de igrejas; Inter gentes e não mais Ad gentes; Ad Intra e não mais Ad Extra; de respeito da alteridade e não de conversão; de reciprocidade, no reconhecimento da livre ação do Espírito, e não de iniciação cristã; etc.

6.2 Discernimento do agir missionário no mundo contemporâneo

A missão na atualidade, em razão dos múltiplos contextos da globalização, indica um profundo discernimento sobre as formas de ser elaborada. Sem tal discernimento, sem ter uma compreensão adequada da cultura, do povo e do lugar, há possibilidade de machucar o terreno da missão. Ele implica um estudo profundo da cultura na qual o missionário será inserido e também um consistente conhecimento de si e as atitudes de abertura e humildade, antes de entrar no terreno do outro. No mundo contemporâneo, em todos os continentes, encontramos diversas áreas de missão, dentre as quais Bevans e Schroeder apresentam seis como as principais.[3]

---

3 Na obra *Diálogo Profético: reflexões sobre a missão cristã hoje*, Bevans e Schroeder apresentam de forma detalhada os seis elementos específicos da missão atual. Nosso trabalho aqui é o de resumi-los e apresentá-los sucintamente.

6.2.1 Seis elementos concretos do agir missionário

O elemento principal na atividade missionária é a evangelização a partir da proclamação da Palavra de Deus e, na sequência, a administração das atividades sacramentais sobre os evangelizados. Entretanto, na década de 1980, o Serviço de Documentação e Estudos (Sedos), organização católica patrocinada por ordens missionárias com sede em Roma, incorporou mais três elementos da missão – diálogo, inculturação e libertação –, além do elemento tradicional, a proclamação.

Missiólogos de continentes diferentes apresentam dimensões diversas, como principais atividades missionárias. Escolhemos as seis principais que podem ser encontradas em todos os continentes e consideradas como terrenos específicos da missão.

Testemunho e proclamação

Os primeiros elementos do agir missionário são o testemunho e a proclamação, que revelam uma ligação íntima com o que é vivido e o que é falado. O melhor exemplo dessa dimensão é São Francisco de Assis (citado por Andrade, 2015a), que afirmou, enfatizando o silêncio: "Prega sempre; se for necessário, use palavras". Podemos entender que o primeiro significado de evangelização é o testemunho de uma vida cristã autêntica. O missiólogo sul-africano David Bosch (2002) afirma que testemunho e proclamação andam juntos, pois a ação, sem palavra, é muda; a palavra, sem a ação, é vazia.

Pode-se elaborar o testemunho em quatro níveis: no nível individual, como cristão, dado a partir da vivência; no nível comunitário; no nível da instituição nos serviços sociais; e, por fim, no nível de esforços de diversas tradições religiosas para com o bem comum. A proclamação, por sua vez, deve ser feita de forma dialógica, levando em conta a situação daqueles para os quais a boa nova é destinada.

Liturgia, oração e contemplação

A dimensão litúrgica carrega dentro de si o ato de evangelização a partir da dimensão comunitária da fé. A liturgia, de modo geral, é celebrada no contexto comunitário, como a eucaristia, que possibilita rezar como comunidade pelo trabalho missionário. A comunidade que possui uma intimidade com a oração é capaz de enviar e apoiar os agentes da missão; portanto, a liturgia não pode estar fechada em si; se for, será uma liturgia num beco sem saída. A liturgia sempre possui a semente de foco para fora – os contextos missionários.

No entretanto, o agir missionário também tem a dimensão da oração, pois as duas vertentes da missão, como apresentamos no capítulo anterior – apreciação e preocupação –, recebem dois exemplos nítidos. Santa Terezinha do Menino Jesus, uma freira carmelita, que nunca pisou fora dos muros do seu convento e viveu rigorosamente enclausurada, foi considerada como padroeira das missões. Isso se deveu à sua vida de pregadora, intensa, universal e missionária. Ela aponta para o fundamento mais radical da missão que é a oração. Francisco Xavier, considerado padroeiro das missões, devido às suas incansáveis peregrinações nos países orientais dentro dos esforços de evangelização, elaborou a segunda vertente da missão. Como afirmam Bevans e Schroeder (2016, p. 110), "oração e contemplação são vistos e sentidos com o Deus missionário, alinhando a necessidade e o desejo de alguém com a atividade salvadora de uma presença missionária de Deus no mundo".

Justiça, paz e integridade da criação

Nos últimos anos tornou-se crescente preocupação com justiça, paz e integridade da criação em cada canto do nosso universo. A justiça e a paz caminham juntas, pois, se necessitamos da paz, devemos trabalhar pela justiça. A Igreja missionária precisa ter voz profética em relação às vítimas da injustiça; é assim que recebe a consistência, encontrando a própria voz. O compromisso com a justiça significa, inevitavelmente, o esforço pessoal de solidariedade com as vítimas do mundo; isso se dá por meio de uma vida simples, das instâncias políticas e da tomada de partido dos pobres e oprimidos e de suas causas. Existem dois tipos de injustiça: a sócio-econômico-política e a ambiental. A responsabilidade da Igreja no que diz respeito à ecologia é parte crucial da missão da Igreja.

A Encíclica *Laudato Si'*, do Papa Francisco, é exemplo de um gesto concreto da preocupação com a casa comum que é o nosso planeta. No documento, o papa não se dirige somente aos cristãos, mas a todas as pessoas que habitam a Terra, chamando-os para uma solidariedade universal, unindo toda a família humana, na busca de um desenvolvimento sustentável e integral. A missão contemporânea nos convoca a lidar com a nossa conversão em relação à nossa irresponsabilidade para com a natureza nos últimos 300 anos.

Diálogo inter-religioso

O diálogo inter-religioso é uma forma de unir diferentes pontos de vista de uma mesma realidade. A diversidade em si é divina, pois acrescenta toda a vibração para as relações de naturezas distintas. Há diversidade cultural, racial, linguística e religiosa, e cada uma delas é completa em si e por si, em seu contexto. No entanto, quando confrontada com a Totalidade, encontra-se como um fragmento. Justamente esse confronto possibilita a experiência do diálogo e, no caso do fragmento religioso, estabelece o diálogo inter-religioso.

Qualquer diálogo, seja religioso, seja cultural, seja individual, necessita de um movimento: no nível individual, sair de si para o outro; no nível cultural, sair de uma cultura para a outra (Andrade, 2004b). O diálogo inter-religioso é a norma e a maneira necessária de se fazer missão, principalmente quando os cristãos encontram pessoas de outras crenças ou que não possuem crença. O melhor exemplo da prática do diálogo foi o convite do Papa João Paulo II aos líderes das outras religiões, em Assis, em 1986, a se unirem a ele na oração pela paz.

> Em Assis, as boas-vindas dadas aos representantes religiosos e às pessoas presentes à oração, oferecida pelas várias religiões foram, de certo modo, um reconhecimento dessas religiões e da oração em particular, um reconhecimento de que as religiões e a oração não apenas têm papel social, mas são eficazes perante Deus. (Amaladoss, 1995, p. 10)

A Encíclica *Redemptoris Missio*, de 1991, faz referência à prática do diálogo inter-religioso:

> Um vasto campo, podendo ele assumir múltiplas formas e expressões: desde o intercâmbio entre os peritos de tradições religiosas ou com seus representantes oficiais, até a colaboração no desenvolvimento integral e na salvaguarda dos valores religiosos: desde a comunicação das respectivas experiências espirituais, até o denominado "diálogo de vida", pelo qual os crentes das diversas religiões mutuamente testemunham, na existência cotidiana, os próprios valores humanos e espirituais, ajudando-se a vivê-los em ordem à edificação de uma sociedade mais justa e fraterna. (RMi, n. 57)

Apresentando o documento da Igreja Diálogo e Missão, Fitzgerald (2004) aponta quatro formas da prática do diálogo que podem ser desenvolvidos na atualidade:

1. Diálogo de vida, em que pessoas de diversas tradições religiosas buscam viver de forma cordial, partilhando alegrias e dores, problemas e preocupações;
2. Diálogo de ação, em que pessoas de todas as religiões participam no desenvolvimento integral e libertação do povo;
3. Diálogo no nível teológico, em que especialistas se reúnem para aprofundar a compreensão de sua religião e apreciar a outra;
4. Diálogo da experiência religiosa, em que pessoas enraizadas nas suas tradições religiosas partilham riquezas espirituais como contemplação, oração, fé e as formas de buscar Deus ou Absoluto.

Nos últimos 150 anos desenvolveu-se a ideia do ecumenismo e do diálogo inter-religioso, considerando que a semente da salvação também existe em outras religiões. Tendo a compreensão adequada dessas tradições, é possível evitar todas as possibilidades de sincretismo ou uma mistura de conteúdos, proliferando a partilha.

Inculturação

Um dos elementos mais complexos da missão é a inculturação, tanto do missionário como do Evangelho. Ela exige uma ruptura, "um deixar algo para chegar" com a cultura do passado que envolve muitas questões sociais, familiares e religiosas. Portanto, não é uma tarefa fácil de lidar. O missionário faz ajustes internos e externos para transmitir a fé e busca novas formas de evangelização numa perspectiva da continuidade. Dois aspectos podem ser identificados no contexto da inculturação: a meta e o método. Como se sabe que meta da inculturação é libertação daquele que procura libertar-se, o método utilizado para esse fim é a inculturação. Nessa inter-relação encontram-se dois elementos: a dimensão universal da salvação e a dimensão particular da presença.

A inculturação do Evangelho encontra um significativo desenvolvimento no pontificado de João Paulo II, quando afirma que ela se fundamenta no reconhecimento da atuação do Espírito Santo, nas tradições culturais e nas legítimas aspirações dos povos. "Tudo quanto o Espírito opera no coração dos homens e na história dos povos, nas culturas e religiões, assume um papel de preparação evangélica e não pode deixar de se referir a Cristo" (RMi, n. 29). Com a inculturação, a Igreja se torna "um sinal mais transparente" e "um instrumento mais apto" (RMi, n. 52) para anunciar o Evangelho, não como uma alternativa às culturas, mas como a sua realização profunda.

A inculturação é parte essencial de toda tarefa missionária, pois para poder oferecer a todos o mistério de salvação e a vida trazida por Deus a Igreja deve se inserir em todas culturas e povos, impelida pelo mesmo movimento que levou o próprio Cristo, na encarnação, a sujeitar-se às condições sociais e culturais dos homens com quem conviveu (AG, n. 10).

Tendo essa inspiração, podemos entender que a inculturação implica o processo de adaptação dos agentes missionários ao novo ambiente; isso não é muito fácil, uma vez que são colocados em confronto dois conjuntos de referências culturais – de sua cultura nativa e da cultura em que está inserido –, algumas vezes completamente díspares entre si, e cabe ao agente resolver (em nível individual) os conflitos suscitados desse contato intercultural. Existem inúmeros mecanismos para se lidar com esses conflitos. O filósofo indiano Radhakrishnan

(1927, p. 38) apresenta quatro métodos alternativos: exterminação, subordinação, identificação e harmonização[4].

Na atualidade, a palavra *inculturação* é utilizada com muita frequência nos ambientes religiosos, principalmente entre as congregações missionárias, cujo carisma se caracteriza pelo destaque que dão à missão *ad gentes*. Antigamente, nessas congregações os membros deixavam o país de origem, estabeleciam-se em outra cultura e algumas vezes nunca mais retornavam. Para estes, inculturação é algo mais que um conceito da antropologia ou da sociologia. Hoje em dia, percebemos que o mundo foi transformado em uma aldeia global, e os deslocamentos e migrações são muito mais frequentes; portanto, ele passou por mudanças drásticas e assim evoluiu a conceitos como "transculturação", "interculturação" e "interculturalidade", cada um visando a novas formas de inserção em novos ambientes.

Reconciliação

A reconciliação, como um novo modelo de missão, precisa ser reconhecida plenamente, visto que o mundo atual apresenta crescente violência, tensões entre as religiões, ações terroristas, constantes migrações e deslocamento dos povos. A missão reconciliadora deve ser assumida em diversos níveis, iniciando no pessoal e na dimensão dos esposos, na família. Precisa também promover o encontro entre as culturas oprimidas e aquelas que oprimem. A reconciliação e o diálogo teriam evitado muitos conflitos internacionais. Uma das figuras-chaves que introduziu o conceito como elemento da missão é Robert Schreiter, que aponta que "a reconciliação envolve muito mais espiritualidade do que estratégia. Ela é obra de Deus, uma obra de graça, que é oferecida

---

4 De modo geral, o mecanismo utilizado no processo da dominação é o extermínio, caso haja uma forte resistência por parte dos dominados. A história das conquistas é um exemplo disso. Em casos nos quais os dominados percebem que não haveria possibilidade de resistir, subordinam-se. Em outros, principalmente nos contextos da difusão da doutrina, procura-se identificar ou harmonizar.

pelas vítimas da injustiça e da violência" (citado por Bevans; Schroeder, 2016, p. 115).

Em um mundo dilacerado por tantos conflitos religiosos e políticos, e também por tragédias humanas, a Igreja precisa reconhecer, por sua vez, que o ministério da reconciliação e paz de Jesus lhe foi confiado (2Cor 5,19). Conforme Schreiter (citado por Bevans; Schroeder, 2016), o nosso Deus sempre assume o diálogo reconciliatório a partir da vítima. Novas formas e estratégias devem ser encontradas para a celebração da reconciliação que possa levar de fato a Deus.

O processo de discernimento é fundamental na missão, e os seis elementos apresentados colocam a Igreja no lugar adequado para não cometer os erros do passado. Cada um deles tem seu lugar e conteúdo específico, e assim, o agente missionário poderá desenvolver a atividade em prol do Reino de Deus.

6.3 As formas de elaborar a missão contemporânea

A missão do anúncio da boa nova de Jesus Cristo possui sempre uma abrangência universal. O mandato do Reino de Deus alcança todas as dimensões da existência: a casa comum (natureza) e todos os povos. A proposta de Jesus deve responder com clareza a todas as situações, seja da justiça, seja de convivência. A missão deve andar sob duas vertentes – focando a pessoa e a proposta de Jesus e lendo os sinais dos tempos atuais. Portanto, são necessários alguns mecanismos concretos para atingir esse nível do anúncio da boa nova. Trataremos disso a seguir.

6.3.1 Três aspectos referenciais da missão

Os mecanismos que devem ser adotados para transmitir a mensagem bíblica de forma efetiva são as três imagens do missionário como professor, como contador de histórias e como guia de trilha. São imagens da missão, pois tendemos a entender a realidade olhando através delas; podemos explorar também outras, mas para compreender melhor escolhemos essas três.[5]

Professor

O professor é aquele que tem algo a ensinar. Do modo geral, tem de mergulhar no assunto a ser tratado e encontrar caminhos para apresentar os conteúdos de uma lição de maneira clara, exata, interessante e relevante. Ele deve ser aberto a perguntas e estar apto a respondê-las honestamente e da forma mais completa possível.

Ensinar significa viver uma vida exemplar, com entusiasmo, em relação ao tema lecionado. O que é interessante notar é que os professores que ensinam e também dão testemunho deixam marcas positivas nos estudantes. Dessa forma, a missão pode ser caracterizada como bom ensino. Os cristãos em missão devem saber o que falam abertamente, na profecia. Sua profecia necessita ser sempre temperada com diálogo, mas eles devem estar convictos de que, de fato, precisam ter algo a ensinar.

Contador de histórias

Transmitir a mensagem por meio da contação de histórias é a forma eficiente desde os tempos antigos. Jesus transmitia a mensagem por

---

[5] Essas três imagens foram apresentadas por Stephen Bevans e Roger Schroeder em seu livro *Diálogo Profético: reflexões sobre a missão cristã hoje*. Nós as adequamos ao nosso contexto da missão.

meio de parábolas. Não importa se escutamos as histórias que nossos avós contavam após o jantar de domingo ou as que os padres narravam durante a homilia nas missas. Elas dão identidade, sacodem-nos, abrem-nos para as próprias e mais profundas experiências. Um bom contador de histórias é, certamente, um encantador.

A missão pode ser caracterizada como uma contação de histórias – a história de Jesus, a história de Israel, a história da Igreja. Os missionários precisam conhecer os seus ouvintes para serem bons contadores de histórias. Eles contam a história com a convicção de que é a de todos e, assim, se for bem contada, qualquer pessoa de qualquer cultura e contexto a reconhecerá como dela e isso poderá dotar a vida de luz e de profundidade.

Guia das trilhas

De modo geral, o guia de trilhas conhece os caminhos e sabe ler mapas. O conhecimento que possui é difícil de adquirir, vem de anos de experiência na trilha, de um senso de direção treinado, de uma destemida autodisciplina e de uma sólida habilidade de conduzir pessoas, principalmente em desertos ou outros lugares. Ele consegue ler os sinais de uma tempestade e mostra a via correta quando surge um perigo. Quando as pessoas ficam para trás, quando querem se desviar da trilha ou quando se distraem com uma bela planta ou com uma cachoeira, é o guia que as encoraja a seguir adiante a fim de cumprir o trajeto planejado para o dia. E quando alguém quer desistir e voltar, ele incentiva a continuar e a não desistir.

A missão recebe sua inspiração como guia das trilhas, e Jesus também disse: "Eu sou o caminho, a verdade e a vida" (Jo 14,6). Em Atos dos Apóstolos, o movimento inicial de Jesus foi referido como sendo o Caminho, razão por que é absolutamente apropriado que os agentes missionários sejam como guias de viagem/trilha.

6.3.2 Três atitudes missionárias de aproximação

O novo paradigma missionário na atualidade é nada mais do que deixar a ideia da superioridade, tanto do nosso conteúdo religioso quanto do eclesiocentrismo. O mundo hoje exige dos agentes missionários uma atitude mais aberta em relação ao outro e enxergar o bem nele. Em um contexto multipolarizado, o Concílio Vaticano II introduziu um novo paradigma de missão com o tema de diálogo, especialmente com o resto do mundo, com a atitude de igualdade entre si.

Nessa visão, podemos compreender que o Cristo crucificado se torna o Cristo "dialógico", em lugar de Cristo conquistador. Três atitudes caracterizam esse modo de fazer missão: ser humilde, ser contemplativo e ser administrador.[6] Vamos abordá-las brevemente a seguir.

Ser humilde

Nos tempos de patronato dos reis, época do casamento entre Igreja e Estado, os missionários apareceram como a mão direita dos colonizadores. Estiveram lado a lado, com a cruz e espada na mão, não somente para evangelizar os nativos, mas também para subjugá-los até a submissão da regra estrangeira. Essa forma é considerada como evangelizar na posição do poder.

Hoje, porém, o missionário é chamado a evangelizar na posição de humildade. Ele não busca o poder – econômico, cultural, tecnológico ou até midiático; o que ele tem é o poder da Palavra e do Espírito Santo, o poder do amor e da autodoação. O missionário não deve evangelizar de uma posição em que existe o desprezo das pessoas; precisa

---

6 Essa visão é extraída de uma publicação da congregação do Verbo Divino. As três palavras utilizadas em inglês são *powerlessness, contemplation* e *stewardship*. Traduzimos para nosso contexto como *ser humilde, ser contemplativo* e *ser administrador*, apesar de essa tradução não ser adequada. Também a ideia pode ser aprofundada em Andrade (2008).

transcender-se e chegar até o povo com honestidade e partilhar as condições de opressão e pobreza, discriminação e perda da identidade, sofrimento e pecado. Não carrega o espírito de superioridade, mas se torna profundamente solidário.

Ser contemplativo

Como abordamos anteriormente, a origem da missão é o Deus Uno e Trino. Nossa participação na missão, então, é um encontro com o mistério, o mistério do Deus Uno e Trino, que chama toda a humanidade a compartilhar a sua vida e a sua glória, o mistério do plano salvífico de Deus para o mundo, o mistério da presença e ação de Cristo e do Espírito no mundo. Desse modo, o primeiro desafio é buscar fortalecer e discernir a presença de Cristo e a ação do Espírito no mundo. Mas isso é impossível se nós não abordarmos a missão em contemplação. A contemplação é justamente esta: olhar, escutar, aprender, discernir, responder, colaborar.

O missionário, então, evangeliza, principalmente não fazendo coisas para as pessoas, mas ficando com elas e ajudando-as a assumirem as tarefas por si mesmas. O método de missão do missionário não será marcado por atividade frenética, mas por presença pensativa no meio do povo de Deus. O ponto de partida da missão não será direcionado aos projetos, mas às pessoas. O missionário explicará o mistério de Deus, mas tentará levar as pessoas para tal mistério por meio de sinais, símbolos e diálogo respeitoso. Sua prioridade é ser o missionário que faz coisas missionárias.

Ser administrador

Certa vez um africano relatou que os missionários no passado pregavam o Evangelho como se fossem donos da fé e determinavam as condições pelas quais ele devia ser entendido, vivido e celebrado por um povo particular, em um lugar particular e em uma cultura particular. Frequentemente, agiam como se fossem os agentes principais de missão e sentiam que tinham que fixar e determinar o programa de trabalho de missão.

Missão, porém, primeiramente é o trabalho de Deus mesmo, Uno e Trino; o chamado missionário é para compartilhar na missão d'Ele. A missão, portanto, é uma forma de entrar no diálogo contínuo do Deus com seu povo. Mas, enquanto faz isso, o missionário deve tomar cuidado para não se interpor como um intermediário nesse diálogo contínuo, e sim promovê-lo. Ele não executa seu programa pessoal, mas descobre o programa de Deus nesse diálogo contínuo.

Desse modo, o missionário respeita a liberdade de Deus, que está presente e ativo entre o povo, e respeita também a liberdade do povo, que está respondendo ao modo dele. Realmente, é o portador de um tesouro que não é seu; então, não proclama o Evangelho como dono, mas o anuncia no espírito de diálogo respeitoso; compartilha a Palavra de Deus como um presente recebido, permanecendo sempre consciente de que não é o proprietário dele, mas somente um administrador ou servo.

6.3.3 Três imagens bíblicas de realizar a missão

A missão é de Deus – *Missio Dei*; é Deus saindo de Si em busca de diversos contextos que necessitam Sua presença. É prudente captar as imagens bíblicas para sustentar a nossa ideia de realizar a missão. Raschietti (2016) oferece três aspectos específicos contemplando três âmbitos distintos da missão contemporânea: "O primeiro é o âmbito pastoral, que é culturalmente cristão, junto aos cristãos militantes;

o segundo é a ação evangelizadora, no âmbito laico da sociedade, junto a todas as pessoas e instituições; e o terceiro é da missão ad gentes, no âmbito religioso, social e cultural de um outro povo (não cristão)". Sabemos que todos "os cristãos têm o dever de o anunciar, sem excluir ninguém, e não como quem impõe uma nova obrigação, mas como quem partilha uma alegria. A Igreja não cresce por proselitismo, mas por atração" (EG, n. 14; cf. RMi, n. 34).

Bom pastor

O pastor é uma imagem muito celebrada nas páginas da Bíblia. O modelo desse indivíduo apresenta a dimensão da escuta ou a capacidade de ouvir determina a qualidade da missão. Esse modelo constitui uma pastoral, como apontou Raschietti (2016):

> uma missão no espaço do redil, ou às pessoas que lhe foram confiadas. A princípio, é uma missão que desenvolve uma relação pessoal, íntima, com seus interlocutores: o pastor "chama", as ovelhas "ouvem a sua voz". Na atualidade existem diversas formas em que ovelhas se perdem. Portanto, esse modelo aponta a uma missão em que o pastor é guia, que acompanha fora do redil, que caminha à frente. Ele também se preocupa com aquelas que "não são deste aprisco" (cf. Jo 10,16).

É uma missão em que o pastor dá a vida. Três aspectos são importantes nessa imagem: saber falar, saber ouvir e saber seguir.

Semeador

A imagem do semeador tem a ver com a região geográfica onde acontece o cultivo, para a qual se necessita a preparação da terra antes de jogar a semente. O semeador traz uma dimensão mais íntima, a do silêncio. Ele permanece em silêncio e espera para brotar a semente, pois sabe que somente na espera a maturidade é revelada. Lançando as sementes, sabe que há possibilidade de receber uma boa colheita, portanto é de absoluta gratuidade. No caso da ação evangelizadora, a dimensão da espera é valorizada. Portanto, a missão é um processo de discernimento feito na espera silenciosa como semeador.

Pescador

A imagem do pescador traz a dimensão das águas e ao mesmo tempo apresenta a situação do risco a que está exposto enquanto faz sua missão. Tal imagem aponta para múltiplas direções quando se trata da missão. Por um lado, qualquer pesca exige uma paciência enorme por parte do pescador até que um peixe morda a isca ou caia na rede.

Relacionando esse contexto com o da missão, observamos que o missionário precisa ter a paciência em relação ao trabalho em culturas diferentes, pois as pessoas têm mentalidades, perspectivas e cosmovisões distintas que dificultam o processo de comunicar a mensagem do Evangelho. Por outro lado, a pesca exige certo risco (ir ao alto-mar ou a rios mais profundos ou a correntezas fortes), além de envolver um pouco de sorte de pegar o peixe. A missão, principalmente *ad gentes*, passa pela mesma experiência, com certos imprevistos e riscos na passagem às culturas além-fronteiras. Nessa missão encontra-se a dimensão da pura fé.

O espírito da missão expresso por Walter Freitag – "no passado a missão tinha problemas; hoje ela mesma se tornou o problema" (citado por Bevans, 2016, p. 17) – tem criado certa desilusão entre os missionários, que tiveram o foco tradicional da missão, e os levou a pensar que não há mais nada a fazer. Contudo, esse sentimento talvez seja uma oportunidade e um convite para tomarem consciência do espírito da missão que Jesus deu à comunidade dos seus discípulos e, mais tarde, à própria Igreja. A raiz da missão encontra-se na experiência do Pentecostes dos apóstolos, na experiência do Cristo Ressuscitado.

Citando Richard Dillon, Bevans e Schroeder (2016, p. 32) observam: "Pentecostes é o ponto da conexão entre o ministério público de Jesus e a missão dos seus seguidores".

Ao longo dos séculos, a Igreja vivenciou essa experiência com fervor e fidelidade, considerou-a como única e verdadeira e buscou transmiti-la a todos os povos de diversas culturas e religiões. Até então, havia problemas de aceitação da validade das experiências religiosas de outras religiões. Mas o Concílio Vaticano II promoveu uma nova forma de pensar ao reconhecer o sagrado também em outras culturas e religiões e motivou a Igreja a apresentar novos paradigmas missionários com vistas a atender e cumprir o mandato missionário de Jesus: "Ide e batizai todos os povos".

Síntese

Demonstramos neste capítulo que a missão é essência, condição prévia e critério de discernimento, não apenas para o seguimento do missionário, mas também para a profecia. Em seguida, apresentamos o paradigma contemporâneo do diálogo profético, em que o missionário e a Igreja são convidados a realizar a missão de forma dialógica, e ao mesmo tempo, profética. Descobrimos que o profeta é o consagrado à missão: mas não é ele que tem uma missão, e sim esta o tem. No centro está o protagonismo de Deus e de seu Espírito que quer envolver, em seu impulso gratuito, toda a humanidade.

Dentro desse protagonismo, apresentamos o processo de discernimento na ação missionária, a partir de seis elementos que podem atingir o contexto contemporâneo da missão. O agente missionário é chamado a se transformar num ato livre, necessariamente gratuito, que se enxerta na grande missão de Deus. Em outras palavras, humildade e honestidade, abertura e sensibilidade, coragem e discernimento, escuta de Deus e dos sinais dos tempos são aspectos fundamentais para se colocar a serviço apenas e unicamente do Reino, por meio de uma consagração que leva muitas vezes a ser sóbrias testemunhas contraculturais. Para isso fornecemos as pistas: as três formas de abordar a missão, as três atitudes que devem ser praticadas nessa tarefa e três imagens bíblicas orientadoras.

Indicação cultural

> EVANGELHO, profecia e esperança (8min 40seg). In: MISSÃO é servir: quem quiser ser o primeiro, seja o servo de todos (Mc 10:44). Campanha Missionária 2015. Pontifícias Obras Missionárias. 1 DVD.

Esse DVD retrata situações nas quais os missionários e missionárias vivem a missão de servir. São testemunhos que nos provocam a sair ao encontro dos mais pobres e defender a vida. O DVD tem nove apresentações no formato de nove dias com temas específicos. Nesse caso, escolhemos a temática do nono dia conforme o tema abordado na obra.

Atividades de autoavaliação

1. O novo paradigma da missão é fazer a passagem do eclesiocentrismo ao reinocentrismo. Como se compreende isso? Assinale a alternativa correta:
   a) Compreender a missão não mais como Igreja centrada, mas centrada no Reino de Deus.
   b) Compreender e preservar que a missão sempre foi Igreja centrada.
   c) Compreender a Igreja como única salvação do mundo.

d) Compreender a missão não como Reino de Deus, mas como Igreja de Deus.

2. Sobre o conceito de diálogo profético, assinale a alternativa correta:
a) Aponta a missão como diálogo, mas que deve ser feita de forma impositiva.
b) Não pode existir na atividade missionária.
c) Serve apenas nas regiões onde existem os conflitos religiosos.
d) Aponta a missão como diálogo, mas que deve ser feita de forma profética.

3. Sobre o agir missionário, analise as afirmações a seguir e marque V para a(s) verdadeira(s) e F para a(s) falsa(s):
( ) Existem seis elementos concretos do agir missionário: testemunho e proclamação; liturgia, oração e contemplação; justiça, paz e integridade da criação; diálogo inter-religioso; inculturação; e reconciliação.
( ) Existem oito elementos concretos do agir missionário: testemunho e proclamação; liturgia, oração e contemplação; justiça, paz e integridade da criação; diálogo inter-religioso; violência; meditação; inculturação; e reconciliação.
( ) O agir missionário não possui os aspectos orientadores; o que existe é fazer a missão.
( ) A missão se preocupa com o agir missionário: simplesmente converter as pessoas para o cristianismo.

Assinale a alternativa que apresenta a sequência correta:
a) V, F, F, F.
b) F, V, F, F.
c) F, F, F, V.
d) V, V, F, F.

4. Sobre as três atitudes missionárias de aproximação do outro na missão, é correto afirmar que são:
   a) ser humilde, ser contemplativo e ser arrogante.
   b) ser simpático e ao mesmo tempo apático, ser administrador e ser calculista.
   c) ser humilde, ser contemplativo e ser administrador.
   d) ser professor, ser empresário e ser simpático.

5. Sobre as três imagens bíblicas da missão contemporânea, é correto afirmar que são:
   a) Bom pastor, bom ladrão e bom agricultor.
   b) Bom pastor, semeador e pescador.
   c) Professor, agricultor e trabalhador.
   d) A Bíblia fornece muitas imagens.

Atividades de aprendizagem

Questões para reflexão

1. Tratamos neste capítulo a respeito das diversas imagens bíblicas em relação à missão. Escolha uma delas e comente a respeito, buscando identificar como se aplica à própria vida.

2. Reflita sobre a imagem de Jesus como bom pastor e com base nisso identifique e comente gestos e atitudes possíveis de serem desenvolvidos por você que se aproximem dessa imagem.

Atividade aplicada: prática

1. Convide três pessoas para a sala de aula – um pastor, um agricultor e um pescador – para que cada um fale por alguns minutos sobre a profissão deles, apresentando as dificuldades e as alegrias de suas atividades. Os alunos devem observá-los e os escutarem

atentamente. Em seguida, proponha um momento de perguntas e respostas entre os alunos e convidados. Algumas questões devem ser consideradas:

a) Que aspectos chamaram sua atenção após a fala dos convidados?
b) Quem, entre os três, mais impactou você? Por quê?
c) O que os depoimentos das três pessoas acrescentaram em termos de conteúdo religioso e também do conteúdo prático da profissão?

Escolha, com base na divisão proposta em sala de aula, um dos grupos distintos: grupo do bom pastor, grupo do semeador e grupo do pescador e, em seguida, busque os trechos na Bíblia que falam sobre essas três imagens. Partilhe entre os membros do grupo o trecho do Evangelho e o relacione com a fala dos convidados. Finalmente, prepare um cartaz que retrate o que seu grupo tratou e apresente o conteúdo para toda a sala de aula.

Considerações finais

Iniciamos o livro tratando da missão como *Missio Dei* – missão de Deus – e apresentamos com fundamentos como o nosso Deus saiu, assumindo diversas formas, conforme os contextos e as épocas. Recapitulando essa trilha, demonstramos que "A Igreja peregrina é missionária por natureza, porque tem sua origem na missão do Filho e do Espírito Santo, segundo o desígnio do Pai" (AG, n. 2). Por isso, o **impulso missionário** é fruto necessário à vida que a Trindade comunica aos discípulos (DAp, n. 347). Citando a Segunda Carta de Pedro, o Documento de Aparecida ressalta que a "grande novidade que a Igreja anuncia ao mundo é que Jesus Cristo, o Filho de Deus feito homem, a Palavra e a Vida, veio ao mundo para nos fazer 'participantes da natureza divina' (2Pd 1,4), para que participemos de sua própria vida" (DAp, n. 348). Assim, a saída de Deus se concretiza no envio do Filho, o Verbo feito carne (Jo 1,14), mostrando seu rosto como ser humano, vivendo como nós.

A presença do Espírito Santo na missão revela a vontade do Pai em se relacionar com a humanidade. Deus quer sair de Si constantemente em todas as épocas. No interior dessa vontade, percebemos o movimento do Espírito em direções diversas, como afirma o Evangelho de João: "o Espírito sopra onde quer" (Jo 3,8), inclusive nas culturas que menos esperamos. Dentro desse contexto, reconhecemos que o mistério pascal permanece no interior da missão orientando e motivando o processo evangelizador da Igreja. Portanto, existe a oração dentro da Igreja pedindo as luzes do Espírito Santo no início de qualquer atividade missionária, a fim de que Ele venha para sacudir, impelir para que Igreja saia numa forma decidida para evangelizar todos os povos.

Dando continuidade ao projeto da Trindade, a Igreja assume sua condição de colaboradora da missão divina e prega o reino de vida que Cristo veio trazer para resolver as situações desumanas. Nisso a Igreja, como povo de Deus, descobre uma profunda lei da realidade: que a vida só se desenvolve plenamente na comunhão fraterna e justa, independentemente de culturas e nacionalidades diferentes. Enquanto se faz a missão, se descobre também a outra profunda lei da realidade: que o amadurecimento se dá à medida que se doa a vida aos outros. Como afirma Osho (1991), partilhando o amor, ele cresce, segurando-o, ele morre. Nessa mesma forma, a vida se acrescenta ao se dar e se enfraquece no isolamento e na comodidade.

Portanto, o novo paradigma da missão – diálogo profético – é nada mais que continuar o projeto de Jesus – "instaurar o Reino da vida [...]. O conteúdo fundamental da missão é a oferta de vida plena para todos" (DAp, n. 361), assumir o compromisso de uma grande missão no mundo todo, a partir do discernimento missionário, desenvolvendo os seis elementos (testemunho e proclamação; liturgia, oração e contemplação; justiça, paz e integridade da criação; diálogo inter-religioso; inculturação; e reconciliação), conforme os contextos específicos, para que o propósito da missão atenda diretamente aos necessitados. Assim, desenvolve-se a missão, e a Igreja encontra sua essência – natureza missionária na vida de Cristo.

Missão é sair de si, significa estar a caminho. O Verbo, saindo de Si, se encontra no caminho desde os tempos de criação. Os patriarcas, reis e profetas sempre estavam a caminho e perceberam que o divino estava permanentemente com eles na história. O próprio Jesus se identificou com o caminho: Ele disse "eu sou o caminho", e não "eu sou a partida ou a chegada". Ao revelar-se caminhando, mostra progressivamente também as metas da caminhada. O caminho foi a imagem com a qual as primeiras comunidades cristãs se identificaram. A Igreja peregrina está a caminho, como o agente missionário faz a opção pelo caminho. O que é interessante notar é que, ao longo da caminhada, se redefinem os projetos missionários, seus meios e fins. Conforme afirma Suess (2012, p. 12):

> Em cada etapa dessa caminhada voltam antigas e novas perguntas. São sinais da nossa subjetividade na construção e na busca do sentido. Só o sujeito faz perguntas, questiona a si e ao mundo. Afinal, quem somos? A caminhada missionária é um aprendizado, para conviver, em paz, cada vez mais, com mais perguntas. No caminho se perde a ansiedade de encontrar respostas para tudo. Ao sair do "nosso" lugar, mudamos o olhar ao mundo e a perspectiva de vida.

Portanto, este livro apresenta o desafio aos agentes missionários com uma pergunta crucial: como fazer a tradição cristã interagir, de forma efetiva e respeitosa, com os membros de outras culturas e religiões, em diversos cantos do nosso planeta, sem perder o dinamismo missionário? A natureza missionária consiste nessa compreensão do caminho. Referindo-se à dinâmica do caminho, Andrade (2013, p. 43) cita Amin Maalouf e aponta uma nova visão, quando diz:

> Não gosto da palavra "raízes" e da imagem ainda menos. As raízes enfiam-se na terra, contorcem-se na lama, crescem nas trevas; mantém a árvore cativa desde o seu nascimento e alimentam-na graças a uma chantagem: "se te libertas, morres". As árvores têm de se resignar, precisam das suas raízes; os homens não. [...] Para nós, são os caminhos que contam. Os caminhos nos conduzem da pobreza à riqueza e de volta à pobreza; da escravidão à liberdade, ou para uma morte violenta. Os caminhos mantêm as promessas, carregam o nosso peso, nos orientam para ir à frente e depois nos abandonam. Assim, nós morremos da mesma forma que nascemos, na beira do caminho que não é nossa escolha.

Lista de siglas e abreviaturas

AG	Decreto *Ad Gentes* (Concílio Vaticano II)
Celam	Conselho Episcopal Latino-Americano
CNBB	Conferência Nacional dos Bispos do Brasil
DA	Diálogo e Anúncio
DAp	Documento de Aparecida (documento conclusivo da V Conferência Geral do Episcopado Latino-Americano e do Caribe)
DGAE	Diretrizes Gerais da Ação Evangelizadora da Igreja no Brasil
DH	Declaração *Dignitatis Humanae*
DM	Diálogo e Missão
DV	Constituição Dogmática *Dei Verbum* (Concílio Vaticano II)
EG	Exortação Apostólica *Evangelii Gaudium*
EN	Exortação Apostólica *Evangelii Nuntiandi*
GS	Constituição Pastoral *Gaudium et Spes* (Concílio Vaticano II)
LG	Constituição Dogmática *Lumen Gentium* (Concílio Vaticano II)

n.	Número
RMi	Carta Encíclica *Redemptoris Missio*
SC	Constituição *Sacrosanctum Concilium* (Concílio Vaticano II)
SD	Santo Domingo (documento conclusivo da IV Conferência do Episcopado Latino-Americano)
v.	Versículo

Referências

AFAGBEGEE, G. The Church Beyond Ad Gentes: Towards Parish Communities of Missionary Disciples. In: KAVUNKAL, J.; TAUCHNER, C. (Ed.). **Mission Beyond Ad Gentes**: A Symposium. Sieburg: Franz Schmitt Verlag, 2016. p. 31-42.

ALMEIDA, N. M. **A missão no Decreto Ad Gentes**: uma reflexão teológico-pastoral a partir da experiência missionária com o povo pokot do Oeste do Quênia. 198 f. Dissertação (Mestrado em Teologia) – Pontifícia Universidade Católica do Paraná, Curitiba, 2017.

AMALADOSS, M. **Pela estrada da vida**: prática do diálogo inter-religioso. São Paulo: Paulinas, 1995.

ANDRADE, J. A dança como ritual: um estudo antropológico sobre a dança clássica indiana. **Revista Espaços**, Instituto São Paulo de Estudos Superiores, São Paulo, v. 12/1, p. 28-43, 2004a.

_____. Da pluralidade rumo ao diálogo inter-religioso. **Revista Último Andar**, São Paulo, n. 11, p. 153-178, 2004b.

ANDRADE, J. **Documentos missionários**. PUC-PR, Curitiba, 2015a. Palestra proferida no Simpósio de Missiologia.

_____. Interculturalidade nas comunidades religiosas: novas formas de viver. In: SUSIN, L. C. (Org.). **Vida religiosa consagrada em processo de transformação**. São Paulo: Paulinas, 2015b. p. 243-255.

_____. Novo paradigma da missão na visão antropológica. In: LABONTÉ, G.; ANDRADE, J. (Org.). **Caminhos para a missão**: fazendo missiologia contextual. Brasília: Abc BSB, 2008. p. 191-206.

_____. Reforma Protestante: perspectiva oriental. **Studium Revista Teológica**, Curitiba, ano 11, n. 20, p. 77-91, 2017.

_____. Rumo à missão com fidelidade ao Caminho: análise da missão na ótica do Caminho de Emaús. In: CNBB – Conferência Nacional dos Bispos do Brasil. **Permanece Conosco**: Estudo, Reflexão e Oração. V. II. Brasília, 2013. p. 33-44.

_____. **Shiva abandona seu trono**: destradicionalização da dança hindu e sua difusão no Brasil. 320 f. Tese (Doutorado em Ciências da Religião) – Pontifícia Universidade Católica de São Paulo, São Paulo, 2007.

BAKKER, N. Mission in the "Glocal" Reality of Latin America. In: STANISLAUS, L.; NGUYEN, T. (Org.). **Missionary Discipleship in Glocal Contexts**. Sieburg: Franz Schmitt Verlag, 2018. p. 289-302.

BEVANS, S. **A Century of Catholic Mission**: Roman Catholic Missiology 1910 to the Present. Oxford: Regnum Books International, 2013.

_____. Mission as the Nature of the Church: Developments in Catholic Ecclesiology. **Australian Journal of Theology**, n. 21.3, Dec. 2014. Disponível em: <http://aejt.com.au/__data/assets/pdf_file/0011/694298/AEJT_Mission_as_the_Nature_of_the_Church_Developments_in_Catholic_Ecclesiology_Bevans.pdf>. Acesso em: 30 nov. 2018.

_____. Missio Dei and Missio Ecclesiae: Tritiarian Mission, Theosis, and the Missionary nature of the church. In: KAVUNKAL, J.; TAUCHNER, C. (Ed.). **Mission Beyond Ad Gentes**: a Symposium. Sieburg: Franz Schmitt Verlag, 2016. p. 17-30.

BEVANS, S. B.; SCHROEDER, R. P. **Constants in Context**: a Theology of Mission for Today. 6th printing. Maryknoll: Orbs Books, 2011.

BEVANS, S. B.; SCHROEDER, R. P. **Diálogo profético**: reflexão sobre a missão cristã hoje. São Paulo: Paulinas, 2016.

BÍBLIA. Português. **Bíblia de Jerusalém**. São Paulo: Paulinas, 1989.

BONDER, N. **Tirando os sapatos**: o caminho de Abraão, um caminho para o outro. Rio de Janeiro: Rocco, 2008.

BOSCH, D. **A missão transformadora**: mudanças de paradigmas na teologia da missão. São Leopoldo: Sinodal, 2002.

BRIGHENTI, A. **Concílio Vaticano II**: batalha perdida ou esperança renovada? São Paulo: Paulinas, 2015.

_____. **Em que o Vaticano II mudou a Igreja**. São Paulo: Paulinas, 2016.

CALVINO, I. **As cidades invisíveis**. Torino: Giulio Enaudi, 1972.

CASTRIANI, S. E. Prefácio. In: LABONTÉ, G.; ANDRADE, J. (Org.). **Caminhos para a missão**: fazendo missiologia contextual. Brasília: Abc BSB, 2008. p. III-IV.

CELAM – Conselho Episcopal Latino-Americano. **Documento de Aparecida**: texto conclusivo da V Conferência Geral do Episcopado Latino-Americano e do Caribe. 5. ed. São Paulo: CNBB/Paulus/Paulinas, 2008.

CNBB – Conferência Nacional dos Bispos do Brasil. **4º Congresso Missionário Nacional**: missão permanente – reflexões e respostas. Brasília, 2017.

_____. Constituição Dogmática Dei Verbum sobre a Revelação Divina. In: VIER, F. (Coord.). **Compêndio do Vaticano II**: constituições, decretos e declarações. Petrópolis: Vozes, 1987a. p. 119-139.

_____. Constituição Dogmática Lumen Gentium. In: VIER, F. (Coord.) **Compêndio do Vaticano II**: constituições, decretos, codeclarações. Petrópolis: Vozes, 1987a. p. 37-118.

_____. Constituição Pastoral Gaudium Et Spes. In: VIER, F. (Coord.). **Compêndio do Vaticano II**: constituições, decretos, codeclarações. Petrópolis: Vozes, 1987b. p. 141-256.

_____. Decreto Ad Gentes. In: VIER, F. (Coord.). **Compêndio do Vaticano II**: constituições, decretos, codeclarações. Petrópolis: Vozes, 1987. p. 349-400.

_____. **Diretrizes Gerais da Ação Evangelizadora no Brasil**: 1995-1998. São Paulo: Paulinas, 1995. (Documento da CNBB, n. 54).

CNBB – Conferência Nacional dos Bispos do Brasil. **Diretrizes Gerais da Ação Evangelizadora no Brasil:** 2011-2015. São Paulo: Paulinas, 2011.

CONGREGAÇÃO DO VERBO DIVINO. **Constituições da Congregação do Verbo Divino.** São Paulo, 2016.

COUTINHO, S. R. Missão no contexto do pluralismo religioso. In: LABONTÉ G.; ANDRADE, J. (Org.) **Caminhos para a missão:** fazendo missiologia contextual. Brasília: asbBSB, 2008. p. 324-336.

FÁBIO, A. C. Por que a geração de nativos digitais não é tão diferente das anteriores. **Nexo,** 21 ago. 2017. Disponível em: <https://www.nexojornal.com.br/expresso/2017/08/21/Por-que-a-gera%C3%A7%C3%A3o-de-%E2%80%98nativos-digitais%E2%80%99-n%C3%A3o-%C3%A9-t%C3%A3o-diferente-das-anteriores>. Acesso em: 30 nov. 2018.

FITZGERALD, M. **Developing Dialogue.** Nemi, Roma, 2004. Palestra proferida no workshop de Prophetic Dialogue da Congregação do Verbo Divino.

FRANCISCO, Papa. **Exortação Apostólica** Evangelii Gaudium: sobre o anúncio do Evangelho no mundo atual. São Paulo: Paulinas, 2013.

FRUTUOSO, B. D. América Latina / Missão após Aparecida: nova primavera missionária. **Além-Mar,** Bogotá, out. 2007. Disponível em: <http://www.alem-mar.org/cgi-bin/quickregister/scripts/redirect.cgi?redirect=EEApAlZkukOODnPfxn>. Acesso em: 1º out. 2018.

GNATA, R. **Interculturalidade nas fontes da Congregação do Verbo Divino.** Roma, 2015. Palestra proferida no Congresso sobre Interculturalidade e Missão.

JOÃO PAULO II, Papa. **Carta Encíclica Redemptoris Missio:** sobre a validade permanente do mandato missionário. São Paulo: Paulinas, 1990.

LABONTÉ, G.; ANDRADE, J. (Org.). **Caminhos para a missão:** fazendo missiologia contextual. Brasília: BSB, 2008.

LATOURELLE, R.; FISICHELLA, R. **Dicionário de teologia fundamental.** Petrópolis: Vozes, 2017.

LOPES, G. **Patrística Pré-Nicena.** São Paulo: Paulinas, 2014.

LUSSI, C.; MARINUCCI, R. (Org.). **Migrações, refúgio e comunidade cristã**: reflexões pastorais para a formação de agentes. Brasília: CSEM; São Paulo: Paulus, 2018. (Série Caminhos, v. 7)

MAALOUF, A. **O mundo em desajuste**: quando nossas civilizações se esgotam. Rio de Janeiro: Difel, 2011.

MATAJI, V. (Ed.). **Shabda Shakti Sangam**. Rishikesh: Jeevan-Dhara Sadhana Kutir, 1995.

MOSCONI, L. **A vida é missão**: para uma missiologia mística popular. 10. ed. Belém: ASMP, 2015.

OSHO, R. **Gold Nuggets**. Cologne: The Rebel Publishing House GmbH, 1991.

PADROADO. In: **Educalingo**. Disponível em: <https://educalingo.com/pt/dic-pt/padroado>. Acesso em: 30 nov. 2018.

PAULO VI, Papa. **Exortação Apostólica** Evangelii Nuntiandi: sobre a evangelização no mundo contemporâneo. São Paulo: Paulinas, 1986.

RADHAKRISHNAN, S. **The Hindu View of Life**. London: Unwin Books, 1927.

RASCHIETTI, E. **A proposta da Missão Continental e a missão ad gentes**. Brasília, 2013. Disponível em: <http://www.missiologia.org.br/wp-content/uploads/cms_artigos_pdf_104.pdf>. Acesso em: 1º out. 2018.

_____. **Ad Gentes**: texto e comentário. São Paulo: Paulinas, 2011.

_____. **Missão continental**. Brasília, 2016. Palestra proferida no Simpósio de Missiologia.

RASCHIETTI, E.; ANDRADE, J. Apresentação à edição brasileira. In: BEVANS, S. B.; SCHROEDER, R. P. **Diálogo profético**: reflexão sobre a missão cristã hoje. São Paulo: Paulinas, 2016. p. 9-13.

REDE SOCIAL DE JUSTIÇA E DIREITOS HUMANOS. Direitos Humanos no Brasil 2017. Relatório da Rede Social de Justiça e Direitos Humanos. São Paulo: Editora Expressão Popular, 2017. Disponível em: <http://www.dedihc.pr.gov.br/arquivos/File/2017/relatorio_dh_2017.pdf>. Acesso em: 1º out. 2018.

RESTORI, M. **A missão no Vaticano II**. São Paulo: Paulus, 2015.

SABURIDO, A. F. Congresso com sabor de Páscoa. In: CNBB – Conferência Nacional dos Bispos do Brasil. 4º Congresso Missionário Nacional. Missão permanente: reflexões e respostas. Brasília, 2017. p. 6-9.

SAHI, J. Search for the Spiritual in Art in the Context of Inter-Faith Harmony. In: MATAJI, V. (Ed.). Shabda Shakti Sangam. Rishikesh: Jeevan-Dhara Sadhana Kutir, 1995. p. 409-412.

SENIOR, D.; STUHLMUELLER, C. Os fundamentos bíblicos da missão. São Paulo: Paulus/Academia Cristã, 2010.

SOUZA, N. de. Contexto e desenvolvimento histórico do Concílio Vaticano II. Revista de Teologia e Cultura, n. 2, p. 1-36, out./dez. 2005.

SUESS, P. Evangelizar a partir dos projetos históricos dos outros: ensaio de missiologia. São Paulo: Paulus, 1995.

_____. Igreja em saída: compromissos e contradições na proposta missionária do Papa Francisco. Pistis Praxis: Teologia e Pastoral, Curitiba, v. 8, n. 3, p. 659-671, set./dez. 2016.

_____. Impulsos e intervenções: atualidade da missão. São Paulo: Paulus, 2012.

_____. Introdução à teologia da missão: convocar e enviar – servos e testemunhas do Reino. 2. ed. Petrópolis: Vozes, 2007.

_____. Para um novo paradigma da missão: no atual contexto de América Latina e Caribe – com Aparecida além de Aparecida. Disponível em: <http://www.missio logia.org.br/wp-content/uploads/cms_artigos_pdf_59.pdf>. Acesso em: 30 nov. 2018.

_____. Teologia da missão: argumentos, linguagens, eixos e compromissos do paradigma missionário. In: LABONTÉ G.; ANDRADE, J. (Org.). Caminhos para a missão: fazendo missiologia contextual. Brasília: BSB, 2008. p. 149-190.

TONETE, E. Deus desce: um estudo bíblico-teológico. São Paulo: Paulinas, 2017.

UEFFING, M. Programs for New Missionaries in Cross-Cultural Mission. In: STANIZLAUS, L.; UEFFING, M. (Org.). Intercultural Living. New Delhi: ISPCK, 2015. v. I. p. 307-328.

VIER, F. (Coord). Compêndio do Vaticano II: constituições, decretos e declarações. Petrópolis: Vozes, 1987.

Bibliografia comentada

BEVANS, S. B.; SCHROEDER R. P. **Diálogo profético**: reflexão sobre a missão cristã hoje. São Paulo: Paulinas, 2016.

Os autores americanos, tendo a experiência vivida no contexto ad gentes, conseguem afirmar com segurança e clareza o paradigma atual da missão como diálogo profético. Para tal proposta, apresentam os contextos atuais da missão com suas múltiplas variedades e também fornecem pistas sobre como se deve aproximar tais contextos de forma concreta. A obra também contempla a história da missão na Igreja e oferece orientações para o agir missionário conforme a região e os contextos. Diálogo profético é uma simplificação da obra Constants in contexto, mais complexa dos mesmos autores e que não tem a tradução ainda para o português.

BOSCH, D. **A missão transformadora**: mudanças de paradigmas na teologia da missão. São Leopoldo: Sinodal, 2002.

Trata-se de uma das obras mais complexas e completas sobre a missiologia. Apresenta diversos paradigmas de missão desde os tempos antigos até a atualidade. O livro é denso, profundo, e o autor utiliza vários conceitos da missão. Além disso, elabora contextos históricos e no interior deles encontra-se a inserção da missão. Como um dos principais missiólogos do século XX, Bosch traz as dimensões claras para um paradigma do mundo moderno, sem esquecer as dimensões transcendentais e imanentes de salvação.

LATOURELLE, R.; FISICHELLA, R. **Dicionário de teologia fundamental**. Petrópolis: Vozes, 2017.

O dicionário trata de dois assuntos importantes da tradição cristã: revelação e fé. Contempla 223 verbetes relativos a ambos os temas. A obra é apresentada no estilo de dicionário para fazer um estudo sistemático sobre a teologia fundamental, principalmente os princípios básicos e suas implicações.

SENIOR, D.; STUHLMUELLER, C. **Os fundamentos bíblicos da missão**. São Paulo: Paulus/Academia Cristã, 2010.

A obra apresenta com clareza os fundamentos bíblicos da missão, principalmente no Novo Testamento. Conforme os autores, a missão não deve ser pensada puramente em termos de propaganda, mas envolve a dimensão da partilha da experiência de Deus com a própria comunidade e depois com as pessoas de diferentes culturas. Nesse sentido, os cristãos tentam cumprir o mandato do Ressuscitado e também descobrem ao longo do trabalho com o povo o aspecto salvífico de Deus para com a humanidade.

SUESS, P. **Introdução à teologia da missão**: convocar e enviar, servos e testemunhas do Reino. 2. ed. Petrópolis: Vozes, 2007.

O livro faz um mapeamento geral da missão com os fundamentos bíblicos e eclesiológicos. O autor, de origem alemã, mas radicado no Brasil há mais de 50 anos, possui experiência nos contextos diversos da missão. Além de trilhar os caminhos apresentados pela Igreja universal, a obra também apresenta cunho latino-americano tendo referências adequadas para os documentos do nosso continente. Consegue oferecer a esperança como mensagem fundamental da missão para aqueles missionários que se encontram de fato nas fronteiras missionárias. Trata-se de uma leitura essencial para o curso de Missiologia.

Capítulo 1
1. d
2. b
3. a
4. c
5. a

Capítulo 2
1. b
2. a
3. d
4. a
5. c

Capítulo 3
1. a
2. c
3. c
4. d
5. b

Capítulo 4
1. b
2. a
3. b
4. c
5. a

Capítulo 5
1. a
2. a
3. c
4. c
5. b

Capítulo 6
1. a
2. d
3. a
4. c
5. b

Sobre o autor

Nascido na cidade de Mangalore, no sul da Índia, **Joachim Andrade**, membro da Congregação dos Missionários do Verbo Divino, chegou ao Brasil em 1992. Depois de breve passagem em Brasília para estudos de idioma e cultura brasileira, instalou-se na cidade de Curitiba. Doutor em Ciências da Religião pela Pontifícia Universidade Católica de São Paulo (PUC-SP) e mestre em Antropologia Social pela Universidade Federal do Paraná (UFPR). Formado em Filosofia e Teologia pelo Pontifício Instituto de Jnana Deepa Vidyapeeth, em Pune; em Literatura Inglesa e História pela Universidade de Mysore e especialização em Dança Clássica Indiana, pelo Gyan Ashram, Institute of Performing Arts, Mumbai, todos na Índia. Publicou diversos artigos científicos e obras. Foi coordenador da Dimensão do Ecumenismo e Diálogo Inter-Religioso pela Arquidiocese de Curitiba. Atualmente é assessor do Centro Cultural

Missionário, dirigido pela CNBB, e membro da equipe interdisciplinar da CRB Nacional em Brasília. Membro de Comitê de Avaliação da Universidade de Mysore, e Guwahati, Índia. É docente da Faculdade Studium Theologicum, da Faculdade Vicentina, e da PUC-PR, em Curitiba.

Impressão:
Dezembro/2018